KB106348

사라지는 섬
Missing Island

이 저서는 **삼성언론재단**의 지원으로 제작되었습니다.

사라지는 섬 Missing Island

발행일	2018년 6월 25일			
지은이	정 종 오			
펴낸이	손 형 국			
펴낸곳	(주)북랩			
편집인	선일영	편집	권혁신, 오경진, 최승헌, 최예은, 김경무
디자인	이현수, 김민하, 한수희, 김윤주, 허지혜	제작	박기성, 황동현, 구성우, 정성배
마케팅	김회란, 박진관, 조하라			
출판등록	2004. 12. 1(제2012-000051호)			
주소	서울시 금천구 가산디지털 1로 168, 우림라이온스밸리 B동 B113, 114호			
홈페이지	www.book.co.kr			
전화번호	(02)2026-5777	팩스	(02)2026-5747	

ISBN   979-11-6299-200-5 03330(종이책)   979-11-6299-201-2 05330(전자책)

이 도서의 국립중앙도서관 출판예정도서목록(CIP)은 서지정보유통지원시스템 홈페이지(http://seoji.nl.go.kr)와
국가자료공동목록시스템(http://www.nl.go.kr/kolisnet)에서 이용하실 수 있습니다.
(CIP제어번호: CIP2018019548)

(주)북랩 성공출판의 파트너

북랩 홈페이지와 패밀리 사이트에서 다양한 출판 솔루션을 만나 보세요!

홈페이지 book.co.kr   •   **블로그** blog.naver.com/essaybook   •   **원고모집** book@book.co.kr

사라지는 섬

Missing Island

정종오

따뜻해지는 남북극, 기후변화 그 현장을 가다

북랩 book Lab

목 차

책을
쓰며

그동안 많은 것을 읽고 쓰면서 나에게 감동을 준 단어와 문구는 매우 많다. "책이란 한 줄의 의미 있는 문장만 만나더라도 그 값어치가 있다."는 말도 있지 않은가. 취재원을 만나 깊은 감동의 울림도 얻었다. 어떤 사건을 접하면서 인간적인 면을 느낀 적도 많다. 수많은 경험 중 어떤 것은 추억 속으로, 또 어떤 일은 생각날 듯 말 듯 가물가물한 경우도 있다. 그런데도 여전히 지금까지 내 마음속에서 잊히지 않는 메시지가 있다. 바쁜 생활에 빠져 있으면서 나를 되돌아보게끔 한 글귀다.

"인디언들은 어떤 일을 결정할 때 나에게 유리하냐, 아니냐가 아니라 지금 결정이 후세대(後世代)들에게 어떤 영향이 있을지를 먼저 생각한다."

처음 이 문장을 접하고 조금 충격을 받았다. 어떤 일을 선택하는 데 있어 그 기준점이 우리가 보편적으로 생각하는 기준과 상당히 거리가 있었기 때문이다. 무엇보다도 내가 지금까지 살아왔던 것과 대조적이라는 점에서 놀라웠다. 북미의 원주민이었던 인디언들이 백인에게 핍박당하고 쫓겨난 것을 새삼 다시 말하고자 함이 아니다. 그렇다고 자연을 벗 삼아 홀로 은둔하자는 것은 더더욱 아니다. 이 문장을 여기서 이야기하는 것은 너무나 단순해 보이는 이 문장이 우리에게 던져주는 의미가 적지 않기 때문이다. 그동안 우리는 '지금 나'의 관점에서 모든 것을 결정해 왔다. '나에게 도움이 되느냐?' '나에게 유리한가?' '나에게 이익이 올 것인가?'라는 판단을 앞세웠다. 그게 당연하다고 생각했다. 지금의 결정을 하는데 나와는 상관없는 '후세대'까지 생각하기란 참 어려운 일이다. 그러나 분명한 것은 한 발짝 비켜나 생각해 보면 '후세대'까지 염두에 둔 결정은 더욱 신중할 수밖에 없다. 이 문장은 바로 그러한 점을 말해 준다.

우연히 최근에도 인디언과 관련된 책을 만날 수 있었다. '후세대'까지 챙기는 그들의 판단 자세가 아마도 나를 이 책으로 자연스럽게 이끌었던 것 같다. 그 책은 바로 류시화 시인이 엮은 인디언 연설문집인 『나는 왜 너가 아니고 나인가』라는 책이었다. 이 책을 읽으면서 다시 한번 인디언들이 자연과 삶을 받아들이는 단순한(?) 방식에 놀라지 않을 수 없었다.

　"대지를 잘 돌보아라. 우리는 대지를 조상들로부터 물려
받은 것이 아니다. 우리의 아이들로부터 잠시 빌린 것이
다."[1]

　"우리가 몸담고 살아가는 환경은 우리 삶의 일부분이다.
인디언들은 날마다 지구의 날을 경축한다. 우리는 태초부터
이곳에 있어 왔다고 믿는다. 우리는 대지에서 나왔으며, 다
시 대지로 돌아갈 것이다."[2]

　이처럼 누구나 알 수 있고 누구나 쉽게 이해할 수 있는 단어와
문장으로 이뤄져 있다. 어려운 수학 문제처럼 깊이 생각해 볼 문장
은 아니다. 즉, 무엇을 뜻하는지 한눈에 파악할 수 있다. 그러나 문
제는 이를 실천하는 것은 무척 어렵다는 것이다. 인디언들은 우리
가 사는 이 지구는 우리의 소유물이 아니라고 강조한다. 인용한

1)　시애틀 추장(Seattle Chief) 외 공저, 『나는 왜 너가 아니고 나인가: 인디언 연설문집』, 류시화
　　역, 더숲, 2017, p. 34.
2)　시애틀 추장(Seattle Chief) 외 공저, 위의 책, p. 838.

문구처럼 '잠시 빌린 것'이고 다시 '대지로 돌아가야 하는 것'이라고 여긴다. 산업혁명 이후 우리는 이 같은 문구를 철저하게 외면해 왔다. 아니, 애써 무시해 왔다는 게 정확한 표현일 것이다. 지구는 우리의 소유물이었다. 맘껏 개발하고 파헤쳐도 괜찮을 존재로 여겼다. 땅이 부족하면 서구 강국들은 배를 몰았다. 제국주의가 몰려 왔다. 넓은 바다를 지나 신대륙을 찾아냈다. 그래도 무한히 많은 땅이 있을 줄 알았다. 이마저도 한계에 부딪히자 이제 인류는 지구가 아닌 다른 행성을 찾아 나서려는 시도까지 진행하고 있다. 지금과 같은 대량생산과 대량소비, 무분별한 개발 논리가 계속된다면 지구인이 다른 행성에 식민지를 건설하더라도 한계점은 분명해 보인다. 언젠가는 그곳도 지금의 지구처럼 자원이 고갈될 위기를 맞을 수밖에 없기 때문이다.

지구가 점점 더워지고 있다. 최근 미국 국립 해양대기청(NOAA)의 정기 리포트를 보면 1880년대 이래 축적된 월 평균온도 기록이 계속 깨지고 있다. 신기록이 해를 거듭할수록 갱신 중이다. 이산화탄소 배출 증가에 따른 온실가스의 영향이라는 분석이 설득력을 얻고 있다.

전 세계가 기후변화를 위한 국제협력에 나선 것은 그나마 다행이지만, 그래도 너무 늦은 것은 아닌지 걱정이 앞선다. 세계 각국은 2015년 파리기후변화협약(Paris Agreement)을 통해 이산화탄소 배출량을 줄여나가기로 약속했다. 기후변화가 전 지구촌 문제라는 인식에 의견을 같이한 셈이다. 지구 온도가 평균 2도만 오르더라도 세상은 혹독한 자연재해에 노출된다. 홍수, 폭염, 폭설 등 이상 기후 현상이 잇따른다. 최근 들어 카리브해와 북미를 휩쓸었던 허리케인은 하나의 사례에 불과하다. 갈수록 강력해지고 있다.

페루 등 남미 인근 태평양 수온이 상승하면서 이른바 '슈퍼 엘니뇨'도 지속적으로 관찰되고 있다. '슈퍼 엘니뇨'는 남미에는 홍수를, 인도와 태국 등 반대편에서는 심각한 가뭄을 발생시킨다. 기후변화의 흐름이 전 지구촌을 흔들고 있다. 우리나라도 예외는 아니다. 앞으로 폭염일수가 증가할 것이란 분석이 이미 나온 바 있다.[3] 해수면 온도가 상승하면서 더 많은 에너지를 공급받아 태풍의 위력은 갈수록 강해질 것이다. 이미 우리나라 해수면 온도 상승으로 근해의 어종 변화가 감지되고 있다.

남북극의 빙하와 해빙은 시간이 지날수록 줄어들고 있다. 미국 항공우주국(NASA)의 위성데이터를 분석한 결과, 매년 빙하와 해빙 규모가 줄어들고 있는 것으로 확인됐다. 북극과 남극은 지구 기후

---

3) 이수형, 「기후변화로 인한 폭염 영향과 건강 분야 적응대책」, 보건·복지 Issue&Focus vol. 323, 한국보건사회연구원, 2016.

변화를 가늠하는 잣대다. 이곳의 변화는 곧바로 지구 전체에 영향을 끼친다. 남태평양의 도서국가들은 이미 해수면 상승으로 수몰위기에 처해 있다. 남북극의 빙하와 해빙이 녹으면서 해수면 상승으로 이어지고 있다. 남태평양 도서국가들에서는 '기후 난민'이라는 신조어까지 등장하고 있다. 고향 땅을 버리고 다른 국가로 이주한 남태평양 도서국가도 존재한다.

2015년 9월, 북극을 다녀왔다. 쇄빙선 아라온호(Araon號)에 20일 동안 승선해 연구원들과 동행하며 취재했다. 북극 추크치해(Chukchi Sea)를 시작으로 북위 77도까지 기후변화의 현장을 직접 목격했다. 위태로운 해빙 위에서 북극곰의 아슬아슬한 생존도 지켜봤다. 북극해 수천 미터 아래에 있는 퇴적물을 통해 기후변화를 연구하는 이들의 노력을 곁에서 지켜볼 수 있었다.

2016년 11월에는 남극을 취재했다. 남위 74도에 자리 잡은 장보고 과학기지를 베이스캠프로 삼아 남극의 활화산과 펭귄 마을, 빙하가 쓰러지고 있는 현장을 목격했다. '차가운 사막(Cold Desert)'으로 부르는 남극은 인류가 가진 축복의 땅이자 기후변화에 있어 최후의 보루다. 이마저도 무너진다면 이제 인류는 더 이상 손쓸 방법이 없을 것이다.

해수면 상승으로 기후변화의 직접적 영향을 받는 남태평양은

2017년 8월에 다녀왔다. 피지, 통가, 투발루를 두루 살펴보면서 기후변화의 현재를 가늠해 볼 수 있었다. 남태평양 도서국가들은 해수면 상승의 직접적 피해를 보고 있는 나라들이다. 인구 1만 명에 불과한 투발루는 해발고도가 고작 2~4m밖에 되지 않을 정도로 바다와 인접해 있다. 기후변화가 지속된다면 투발루는 2050년 즈음에는 나라 전체가 사라질 위기를 맞게 된다.

2015년부터 2017년까지 3년 동안 '기후변화의 현장'을 취재하면서 이제 더 이상 이 문제를 정치, 산업 논리로만 풀어서는 안 된다는 생각에 이르렀다. 특정 나라가, 특정 단체가, 특정 개인이 해결할 문제도 아니다. 전 지구촌이 나서야 한다. 이번 책을 통해 이 같은 고민을 함께 나누는 계기가 되기를 바란다. '잠시 빌린' '다시 대지로 돌아가야 할' 우리의 지구가 지금 어떤 몸살을 앓고 있는지 그 실체를 아는 것만으로도 이해의 폭은 넓어질 것이다. 이것은 또한 이 시대를 살아가는 우리의 의무이기도 하다.

기후변화,
데이터를
보다

2

과학은 관찰이 가장 기본이다. 자연을 관찰하고, 별을 쳐다보고, 미생물을 현미경으로 들여다보는 등 관찰이 매우 중요한 요소다. 이런 과정을 통해 데이터가 쌓인다. 이를 통해 관찰하고 그 변화를 지켜보는 게 과학의 첫 번째 원리다. 기후변화도 마찬가지다. 우선 지금 우리의 기후가 어느 정도인지 가늠해 보아야 한다. 그러기 위해서는 데이터가 필요하다. 기후변화 이슈가 전 지구촌으로 확산되면서 관련 데이터들이 최근 들어 입체화되고 있다. 변화의 양상을 실시간으로 파악하는 것은 물론이거니와 이제는 인공위성까지 동원하고 있다. 이렇듯 다양한 접근을 통해 특정 시점에서 지금까지 어떤 변화가 있었는지 알아볼 수 있다. 현재를 파악하고 미래에 예측되는 변화를 추정할 수 있는 것이다. 현재를 알면 정확히 미래를 대비할 길이 만들어지기 마련이다.

기후변화를 두고 여러 단체가 데이터를 생성하고 있다. 그중에서도 NASA는 기후변화와 관련해 전문 페이지(https://climate.nasa.gov)를 따로 운영하고 있다. 이 페이지에는 실시간으로 기후변화와 관련된 여러 입체적 데이터가 수집·제공된다. 카테고리별로 시간의 흐름에 따라 얼마나 변화가 있었는지, 그 폭은 어느 정도인지 일목요연하게 보여주고 있다. NASA가 제공하고 있는 기후변화 인덱스(Index)는 이런 측면에서 현재의 기후변화를 가늠해 보는 좋은 잣대가 된다.

우선 이산화탄소(Carbon dioxide)의 공기 중 농도는 2017년 9월 현재 406.94PPM(Parts Per Million, 100만 개당 몇 개)을 가리키고 있다. 이 수치는 65만 년 가운데 가장 높은 수치라는 게 NASA의 분석이다. 이산화탄소 농도는 지구 온난화와 밀접한 관련이 있다. 지구에 도착한 태양열은 우주로 다시 반사되는데, 이산화탄소 등 온실가스가 이를 막아 지구 온도를 상승시키는 하나의 원인으로 작용하기 때문이다.

우주와 관련된 퀴즈 대회에 나가본 경험이 있는 사람이라면 항상 빠지지 않고 등장하는 퀴즈 중 하나를 기억할 것이다. 바로 '태양계에서 가장 뜨거운 행성은 어디일까?'라는 문제다. 여기에는 함정이 있다. 태양에 가까울수록 에너지를 더 많이 받는다. 이런 원리로 본다면 태양계에서 가장 뜨거운 행성은 제1 행성인 수성일 수밖에 없다. 그렇지만 사실 '태양계에서 가장 뜨거운 행성'은 수성이 아니다. 두 번째 행성인 금성이다.

태양에서 나온 빛 에너지는 행성의 대기층을 통과한다. 일부는 대기권에서 반사돼 우주로 되돌아간다. 보통 약 절반 정도의 햇빛이 행성의 지표면까지 도달한다. 이렇게 지표면에 흡수된 빛 에너지는 열에너지로 변환된다. 그리고 이때 파장이 긴 적외선 등으로 바뀌어 우주로 다시 방출된다. 그런데 우주로 나가야 하는 열에너지는 이산화탄소 등 행성의 온실가스 효과에 의해 차단되고 대지를 달군다. 금성의 대기권은 대부분 이산화탄소로 이뤄져 있다는 것은 익히 알려진 사실이다. 이 때문에 금성은 우주로 다시 나가야 하는 열을 고스란히 가두는 탓에 태양계에서 가장 뜨거운 행성에 이름을 올렸다. 지구에서도 공기 중에 이산화탄소 농도가 높아진다는 것은 이 같은 온실효과를 내는 기체가 증가하고 있다는 것을 의미한다. 이산화탄소 농도가 상승하면 지구도 금성처럼 변할 수 있다.

두 번째 인덱스로 NASA는 지구촌 온도(Global Temperature)를 말하고 있다. 기상 관측을 시작한 1880년대 이래 2016년의 지구촌 평균 온도는 최고치를 기록했다. 2016년 지구 온도를 분석한 보고서에서는 전 세계 지표면과 해수면 평균기온이 14.84도를 기록했다. 20세기 평균과 비교했을 때 0.94도 높은 수치다. 2015년보다는 0.04도 높다. 1880년 근대 기상관측을 시작한 이래 136년 만에 최고치를 보인 것이다. NASA 측은 이 같은 수치를 강조하면서 "1880년 이후 열일곱 번의 가장 뜨거운 해 중에서 열여섯 번이 2001년 이후에 일어났다."고 설명했다. 이는 시간이 흐를수록 지구 온난화가 심각해지고 있다는 것을 보여주는 증거 데이터다.

세 번째로 기후변화와 관련된 인덱스는 북극 해빙(Sea Ice)이다. 해빙은 10년 동안 13.2% 감소했다. 1980년 790만㎢에서 2016년 430만㎢로 줄었다. 북극의 해빙은 뒤에서도 설명하겠지만, 기후변화는 물론 북극곰 등의 생태계에까지 영향을 미치는 매우 중요한 인덱스다.

마지막으로 NASA가 꼽는 기후변화 인덱스는 해수면(Sea Level)이다. 지난 100년 동안 해수면은 178㎜ 상승한 것으로 파악됐다. 1995년과 비교했을 때 2016년에는 85.5㎜ 더 높아졌다. 이는 평균적으로 매년 약 3.2㎜씩 높아지고 있다는 것을 보여주고 있다.

NASA는 이 같은 기후변화 수치를 보여주면서 그 원인도 함께 언급하고 있다. 그 원인은 바로 앞서 설명했던 이산화탄소 등의 '온실가스' 책임론이다. 온실가스와 관련해 대부분의 기후변화 전문가들은 이산화탄소 농도 '400PPM'과 '지구 평균온도 2도 상승'에 주목한다. 이 두 가지는 밀접하게 연관돼 있다. '400PPM'과 '평균온도 2도 상승' 현상이 나타나면 지구는 걷잡을 수 없는 기후변화에 빠져들 것이란 경고이기도 하다.

2006년 영국의 니콜라스 스턴(Nicholas Stern) 런던정치경제대학교 교수는 정치인들에게 기후변화에 대한 경각심을 주기 위해 특정 수치를 제안했다. 그는 평균기온이 2~5도 상승하면 갑작스러운 기후변화에 따른 위험이 증가할 것이라고 정치인들에게 경고했다. 대책 마련에 나서야 한다는 것을 주문하기 위해서였다. 스턴 교수는 이를 위해서는 이산화탄소 농도를 일정 수준으로 유지해야 하는데, 그 한계 수치로 495PPM이라는 수치를 제시했다. 실제 495PPM은 평균기온 2도 이상의 상승을 이끈다는 게 전문가들의 분석이다.

2007년에는 유럽연합(EU)도 평균기온이 2도 오르면 예상하지 못한 이상기후가 전 지구촌을 휩쓸 것이라고 지적한 바 있다. 이 모든 것을 종합해 봤을 때 전문가들은 이산화탄소 농도가 400~450PPM에 도달하면 지구의 평균온도는 2도 오른다는 것에 대부분 의견을 같이하고 있다는 것을 알 수 있다.[4] NASA가 2017년 9월 현재 제

---

4) 조너선 닐(Jonathan Neale) 저, 『기후변화와 자본주의: 시장이 지구를 구할 수 있을까?』, 김종환 역, 책갈피, 2011, p. 30.

시한 이산화탄소 농도는 406PPM이다. 지구 평균온도 2도 상승의 한계점을 이미 넘어선 셈이다.

이 같은 기후변화는 지구와 인류에 어떤 영향을 미칠까. NASA 측은 전문가들의 분석을 통해 몇 가지 사례를 소개하고 있다. 우선 심각한 가뭄이 올 수 있다고 경고했다. 두 번째로 허리케인이 더욱 강력해질 것으로 전망했다. 실제 북대서양에서 1980년대 이후 최고 등급인 카테고리 4, 5등급의 강력한 허리케인의 수가 증가하고 있는 것으로 파악된다.

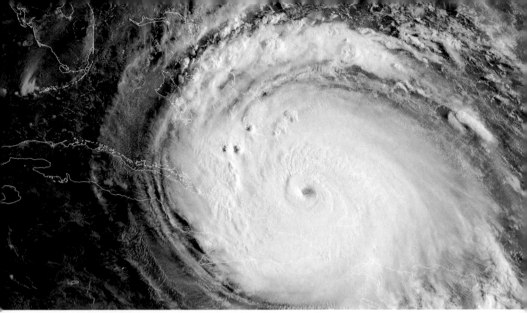

2017년 북미를 휩쓸었던 허리케인 '어마'(사진 제공: NASA)

우리나라도 예외는 아니다. 기상청의 자료를 보면 2016년 우리나라 여름철 전국 평균기온은 24.8도였다. 평년보다 1.2도 높았다. 반면 강수량은 445.7㎜로, 평년과 비교했을 때 62%에 불과했다. 여기서 눈여겨볼 점은 폭염 일수 증가에 있다. 2016년 8월 한 달 동안 우리나라 폭염 일수는 16.7일로 조사됐다. 역대 최고치를 기록한 것이다. 이와 더불어 평균기온이 1도 상승했을 때의 구체적 피해 규모도 예측됐다. 폭염으로 사망했을 때 예상되는 1인당 경제적 손실은 3억 6,976만 원에 이르렀다. 우리나라 기후변화 시나리오를 살펴보면 현재 한반도 전체 평균인 7.3일의 폭염 일수는 온실가스가 계속 지금처럼 높게 배출된다고 가정했을 때 21세기 후반에는 약 30.2일로 늘

어날 것으로 전망됐다.[5]

여기서 우리는 환경운동의 큰 흐름에 대해 짚고 넘어갈 필요성을 느낀다. 환경운동은 이제 전 지구적으로 주목받는 시민운동 중의 하나다. 앞서 데이터를 통해 지구 온난화의 현주소에 대해 설명했다. 이 같은 원인분석을 두고 해석하는 방법은 여러 가지다. 이는 그동안 환경운동의 역사를 보면 어느 정도 이해할 수 있다.

기후변화에 대한 원인과 해석, 대처 방법은 여러 가지다. 여러 곳에서 다양한 의견과 원인을 꼽고 있다. 해결책 또한 그렇다. 다양한 의견과 논리가 있지만, 공통으로 의견을 같이하는 부분은 기후변화가 '인간 경제활동'의 결과물이라는 점이다. 결국, 인간이 자초했다는 결론에 이르고 있는 셈이다. 환경운동이 영국에서 처음 시작됐다는 것은 상징하는 바가 적지 않다. 이는 산업혁명이란 '작용'에 대한 반작용 효과 때문으로 풀이된다. 이후 환경운동은 서구를 중심으로 진행됐다. 영국에서 시작된 환경운동은 미국으로 건너가 구체적 사례를 통해 전개됐다. 미국 환경운동에서 빼놓을 수 없는 인물로 세 명이 있다. 소로(Henry David Thoreau, 1817~1862년), 뮤어(John Muir, 1838~1914년), 핀초(Gifford Pinchot, 1865~1946년)가 바

---

5) 기상청 저, 『한반도 기후변화 전망보고서』, 2012.

로 그들이다. 이 세 사람의 활동과 철학을 알아보면 환경운동의 두 가지 큰 흐름을 파악할 수 있다.

소로에 대해서는 많은 사람이 이제는 잘 알고 있다. 그는 '자발적 가난' '단순한 삶'의 대표적인 명사로 꼽히는 인물이다. 우리 모두 소로의 『월든(Walden)』이란 책을 한 번쯤은 들어봤을 것이다. 소로는 1845년부터 약 2년 2개월 동안 월든 호숫가에서 오두막을 짓고 생활했다. 2년 동안 매우 단순한 삶을 산 소로. 그는 일주일에 고작 27센트의 식비만 사용하면서 생활했다. 그는 2년 동안 효모를 넣지 않은 호밀가루, 옥수숫가루, 감자, 쌀, 심심하게 절인 돼지고기, 당밀, 소금, 물만 먹었다고 기록했다. 소로는 이 같은 단순한 삶을 두고 이렇게 말한다.

"나는 숲에서 보낸 2년여의 경험을 통해 심지어는 이러한 기후대에 살아가는 사람도 지극히 적은 수고만으로 얼마든지 먹고살 식량을 구할 수 있다는 사실을 배웠다. 인간도 동물과 마찬가지로 단순한 식단만 있어도 얼마든지 건강과 체력을 유지해 나갈 수 있다."[6]

---

6) 헨리 데이비드 소로(Henry David Thoreau) 저, 『월든(Walden)』, 전행선 역, 더클래식, 2013, p. 77.

『월든』에서 가장 인상적인 부분을 꼽으라고 한다면 나는 '세 개의 의자'를 들고 싶다. 소로는 "내 집에는 세 개의 의자가 있다. 하나는 고독을 위한 것이고, 두 번째는 우정을 위한 것이고, 세 번째는 사교를 위한 것"[7]이라고 말했다.

고독과 우정, 사교만으로도 충분히 이 세상을 살아갈 수 있는데 인류는 더 많은 것을 얻기 위해, 더 많은 것을 소비하면서 살아가고 있다는 지적이다. '세 개의 의자'만으로도 만족스럽다고 생각할 수 있는데 인류는 더 많은 '의자'를 만들고, 팔고, 사기 위해 자연을 훼손하고 이 때문에 수많은 문제가 발생하고 있다는 분석이다. 소로의 철학을 한마디로 정리하자면 '인디언의 지혜(Indian Wisdom)'로 표현할 수 있다. 북아메리카의 원주민이었던 인디언들은 자연에 순응하는 삶을 살았다. 소로가 원했던 '단순한 삶'을 산 것이다. 이같은 그들의 삶에 큰 변화가 몰려온 것은 영국, 프랑스 등 유럽 국가들이 신대륙에 진출하면서부터다. '단순한 삶'이 개발이라는 흐름으로 뒤바뀐 것이다. 인디언들은 서구 국가들이 물밀 듯이 자신의 땅으로 침략해오자 구전 혹은 기록으로 당시의 상황을 남겼다. 그중 한 가지를 언급해 본다. 믹맥 족에 속하는 이름이 알려지지 않은 추장이 연설한 내용이다.

---

7) 헨리 데이비드 소로(Henry David Thoreau), 앞의 책, p. 173.

"당신들은 가당치 않게도 우리를 업신여기고 있다. 프랑스에 비하면 우리나라가 땅 위의 지옥과도 같다고 당신들은 말한다. 프랑스는 천상의 낙원이며 모든 종류의 물질이 풍부하게 널려 있다고 주장한다. 또한, 우리가 모든 인간 중에서 가장 비참하고 불행한 종족이라고 함부로 말한다. 우리가 종교도 없고, 한마디로 말해 아무런 규율 없이 숲과 나무들 속에서 짐승처럼 어슬렁거리며 살아가고 있다고. 당신들 눈에는 우리가 불행해 보일지 모르지만, 그럼에도 불구하고 우리는 우리 자신이 당신들보다 훨씬 행복하다고 믿는다. 우리는 우리가 갖고 있는 적은 것에 만족하며 살아가고 있기 때문이다."[8]

1675년 10월, 프랑스인 가톨릭 선교사 크레스티엥 르 클레르 일행이 지금의 퀘벡주 근처의 인디언 마을에 도착했다. 이들 선교사 일행의 목표는 원주민들을 기독교로 개종시키고 유럽의 '문명화된' 방식을 강요하는 것이었다. 클레르 일행이 프랑스 문명에 대해 자랑을 늘어놓자 당시 가스페시안 족(지금의 믹맥 족)의 이름이 알려

---

8) 시애틀 추장(Seattle Chief) 외 공저, 『나는 왜 너가 아니고 나인가: 인디언 연설문집』, 류시화 역, 더숲, 2017, pp. 206~207.

지지 않은 추장이 말한 대답이 바로 앞의 대답이다. 이 추장은 이어 클레르 일행에게 "당신들이 말하는 대로 프랑스가 천상의 작은 낙원이라면 당신들은 도대체 무엇 때문에 그곳을 떠났는가?"라고 되묻는다. 이어 이 추장은 "무엇 때문에 세상에서 가장 가난하고 불행한 곳이라 여기는 이곳까지 오기 위해 계절을 막론하고 바다의 파도와 폭풍우와 싸우며 온갖 위험을 감수한단 말인가?"라고 되받아쳤다. 실로 통쾌한 반박이 아닐 수 없다.

자연과 더불어 평화로운 삶을 사는 자신의 터전에 들어와서는 '미개한 종족' '불행한 종족'이라고 비난하면서 자신들의 삶이 지상 최고의 삶이라고 주장하는 이들에게 한 방 날린 연설문이 아닐 수 없다. 소로는 이처럼 '인디언의 지혜'와 '인디언의 삶'을 통해 있는 그대로의 자연을 지켜나가고 단순한 삶을 사는 게 인류를 지키고 자연을 보호하는 길이라는 것을 강조한 인물로 꼽힌다.

개발과 산업화에 주목하고 있는 서구와, 자연과 더불어 삶을 추구하는 인디언의 철학이 충돌하고 있는 모습이다. 이 같은 두 철학은 잠시 뒤에 설명할 것이지만 자연보호를 두고 서로 다르게 바라보는 두 가지 시각을 구체적으로 드러내고 있다. 소로의 이러한 철학은 고스란히 뮤어에게로 전승된다.

존 뮤어와 기포드 핀초에 관해 알아보는 것은 환경보호와 기후변화에 대한 시각차를 보여준다. '국립공원의 아버지'라고 알려진 존 뮤어는 '인간은 자연을 정복해서는 안 된다'는 주장을 내놓았다. 미국 중서부의 자연 훼손을 막기 위해 그는 신문과 잡지에 관련 글을 기고하는 데 주저함이 없었다. 또한, 의회에 자연보호 법안을 상정했고 정치인들을 찾아다니면서 끊임없이 설득했다. 이런 노력 끝에 뮤어는 '요세미티' '세쿼이아' '라이너 산' '그랜드 캐니언' 등을 국립공원으로 만들었다. 지구 환경에 대한 뮤어의 철학은 단순했다.

> "문명사회에 지쳐 신경 쇠약에 걸린 수많은 사람에게 자연은 꼭 필요하다. 단순히 아름다움 때문이 아니다. 야생의 땅은 생태계에서 독특한 위치에 있기 때문에 자연 그대로 보전해야 한다." [9]

---

9) 진저 워즈워스(Ginger Wadsworth) 저, 『(자연의 수호자) 존 뮤어』, 이원경 역, 비룡소, 2010.

뮤어는 스코틀랜드 출생의 미국인이다. 자연주의자, 작가, 자연 보호주의자였다. 그는 1892년에 '시에라 클럽(Sierra Club)'을 만들었는데, 이 클럽은 오늘날 전 세계적으로 가장 강력한 환경단체가 됐다.

존 뮤어는 시에라 클럽을 설립했다(사진 제공: 시에라 클럽)

기포드 핀초는 미국의 초대 산림청장(Chief of U.S. Forest Service)을 지낸 인물이다. 요세미티 계곡의 '헤치헤치 댐(Hetch Hetchy Dam)'을 둘러싼 논쟁에서, 마침내 뮤어와 핀초의 입장이 극명하게 드러나는 사건이 발생했다. 1906년, 미국 샌프란시스코에 지진이 발생했다. 이 지진으로 식수 문제가 불거졌다. 결국, 식수를 확보하기 위해서는 댐 건설이 필요하다는 의견이 나왔다. 1906년부터 1913년까지 뮤어와 핀초는 이 댐 건설을 두고 첨예한 대립각을 세운다. 뮤어는 당연히 댐 건설에 반대하는 입장이었고 핀초는 주민들의 삶과 식수 확보를 위해서 댐 건설은 불가피하다는 주장을 내놓는다.

핀초를 지지하는 이들은 인간의 풍요로운 삶을 위해 실용적으로 자연환경을 이용하는 것은 불가피하다는 입장을 대변하고 있다. 즉, 효율적 자원 활용을 위해 과학과 기술 개발을 지지하는 이들이다. 이를 실용적 자연주의(Utilitarian)라고 부른다. 실용적 자연주의는 자연을 보호하는 데는 동의하지만, 필요에 따라 과학과 기술을 통해 적절하게 대응할 수 있다는 것을 강조한다.

반면 뮤어와 의견을 함께하는 이들은 현대 문명에 대한 거부감을 강조하면서 자연을 먼저 보호해야 한다는 주장을 내놓고 있다. 우리는 이들을 목가적 자연주의(Arcadian)라고 칭한다. 목가적 자연주의는 소로의 '단순한 삶', 뮤어의 '인간은 자연을 정복해서는 안 된다'는 철학에 기초하고 있다. 이들은 개발과 산업화를 위해 자연을 파괴하는 일은 절대 있어서는 안 된다는 철학을 강조한다.

실용적 자연주의와 목가적 자연주의는 현재 기후변화를 바라보는 해법에도 영향을 미치고 있다. 최근 들어 실용적 자연주의 못지 않게 목가적 자연주의를 추구하는 이들도 늘어나고 있다. 이 두 가지 흐름을 뜻하는 용어를 다른 말로는 보전(保全, Preserve)과 보존(保存, Conserve)이라는 표현으로 말할 수 있다. 존 뮤어의 '목가적 자연주의'는 보전주의자(Presevationist)라고 표현할 수 있다. '보전'의 사전적 의미는 '온전하게 잘 지키거나 유지한다'는 의미다. 즉, 인간의 개입 없이 원래 상태의 자연을 후손들에게 그대로 물려줘야 한다는 사명감의 표현이다. '보존'의 사전적 풀이를 보면 '잘 간수하여 남아 있게 한다'는 뜻이다. 기포드 핀초의 '실용적 자연주의'가 여기에 해당한다. 따라서 보존주의(Conservationist)는 '보호는 하되 불필요한 손실 없이 인간이 자연을 활용할 수 있다'는 의미로 해석할 수 있다. 이를 두고 전문가들은 '현명한 사용(Wise use)'이라고 표현하기도 한다. 과연 우리는 이 같은 자연주의의 흐름에서 어떤 생각을 하고 있을까.

기후변화와 관련하여 관련 학계의 찬반양론이 존재한다. 이 중에서도 가장 첨예하게 대립이 발생하는 부분은 '데이터의 신뢰성과 대표성'이다. 이를 이해하기 위해서 프랑스의 〈리베라시옹〉 매체에서 15년 동안 과학 분야 기자로 있었던 한 기자의 말부터 들어보도록 하자.

"1999년 크리스마스와 2000년 1월 1일 사이에 두 개의 폭풍이 연이어 프랑스를 강타했다. 충격은 엄청났다. 80명의 희생자가 발생했고 수십억 프랑의 피해를 보았다. 우리는 이 엄청난 기상재해에 대한 과학 특집을 준비하고 있었다. 당시 편집국장은 '지구 온난화에 따른 기상 이변 얘기를 빼먹지 말 것!'을 주문했다."[10]

이를 두고 실베스트르 위에 기자는 "하나의 기상 현상이 기후 전체를 대변하지는 않는다."고 판단했다. 기상학자들은 몇십 년 동안의 기상 현상을 두고 그 속에는 '평균(대표성)'과 '극단(특이성)'이 함께 공존한다고 강조한다. 기후변화의 흐름이 심각하지 않다고 판단하는 전문가들은 최근 벌어지고 있는 기상 현상이 이 같은 '극단(특이성)'에 좀 더 치우쳐 있다고 판단한다. 계속 지속되는 뚜렷한 흐름이 아니라 한순간에 나타나는 특별한 상황에 해당한다는 것이다. 반면 기후변화가 심각하다고 해석하는 이들은 이 같은 기상은 '평균(대표성)'적 현상이며 이는 앞으로 더욱 심각해질 것이란 진단을 내놓는다.

---

10) 실베스트르 위에(Sylvestre Huet) 저, 『기후의 반란』, 이창희 역, 궁리출판, 2002.

'대표성'과 '특이성' 사이에서 전문가들이 논쟁하는 것은 데이터의 신뢰성과 무관하지 않다. NOAA는 2000~2017년 사이 '해당 연도가 기상관측 이래 가장 무더운 해였다는 분석 자료를 앞다퉈 내놓았다. 해당 자료에는 늘 단서가 붙었다. 바로 '1880년 기상관측 이래'라는 문구다. 기후변화 데이터에 신뢰성이 없다고 판단하는 이들은 근대 기상 관측이 시작된 지 137년밖에 되지 않았는데 이것만으로는 데이터에 대한 객관성을 담보할 수 없다고 지적한다. 특히 지구의 역사는 46억 년인데 이 긴 역사에서 137년은 비교할 수 없을 정도의 상당히 짧은 기간이라는 분석을 강조한다. 다만 이 과정에서 이산화탄소 배출량이 최근 들어 상승하고 있다는 인식에는 공감대가 형성되고 있다. 문제는 이산화탄소 배출을 두고서도 선진국과 그렇지 않은 국가들 사이에 갈등이 존재한다는 사실이다.

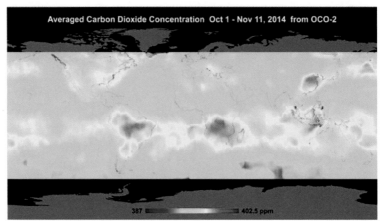

2014년 위성이 촬영한 이산화탄소 지도. 전 세계적으로 농도가 치솟고 있는데 저감 노력이 현실화 되기에는 복잡한 상황이다(사진 제공: NASA)

　　온실 효과가 매우 심각하며 국제적으로 이 문제를 다뤄야 한다
는 목소리가 높아짐에 따라 국제회의가 개최됐다. 1992년 6월에
리우에서 지구 정상화 회담이 열렸다. 1997년에는 교토에서 온실
가스를 2012년까지 지속적으로 줄여나간다는 합의가 도출되기도
했다. 그렇다면 이후 온실가스가 국제회의에서 합의한 대로 많이
줄어들었을까. 전혀 그렇지 않다. 오히려 상승했다. 실베스트르 위
에 기자는 그 배경으로 온실가스의 주범 논쟁을 꼽았다. 위에 기
자는 온실가스 배출량의 증가에 대해 "제3 세계에 사는 40억 인류
의 경제 발전이라는 문제가 남아있기 때문"이라고 해석했다. 즉,

중국이나 인도 등의 거대 인구수를 자랑하는 개발 과정의 국가에서 이산화탄소 배출과 관련해 이를 저감하는 노력을 기울이지 않았다는 것이다. 이들 국가는 여전히 석탄과 석유 등 화력발전소의 비율이 높다. 경제 성장을 이끌기 위해서는 에너지가 필요하기 때문이다. 그 이유는 명확하다. 또한, 중국 등은 "당신들(미국과 유럽 등 선진국)은 지구를 오염시키면서 그동안 번영과 발전을 누렸는데 우리는 왜 못하게 하는가?"라고 반문한다. 그동안 다량의 온실가스를 배출한 주범은 산업혁명을 일으킨 영국과 경제적 발전을 위해 석탄과 석유를 무분별하게 사용한 미국 등이라는 것이다. 이 지적은 틀리지 않다. 그러나 이러한 현상 때문에 결국 앞으로 이산화탄소 배출 감소는 현실화될 가능성이 매우 낮다고 판단하는 전문가들도 많다.

그럼에도 기후변화의 파고는 점점 높아지고 있는 게 현실이다. 최근 세계은행은 주목할 만한 보고서를 내놓았다. '기후 난민'에 대한 보고서다. 2018년 3월 20일, 세계은행은 기후변화의 악영향으로 2050년까지 1억 4,000만 명이 국경 내에서 이주할 가능성이 있다는 경고 메시지를 던졌다. 최악의 기후 조건을 피해 생존하기 위해서는 결국 이주가 불가피하다는 결론에 이르렀다. 그리고 이러한 현상은 주로 저개발 지역인 아프리카 사하라 이남과 남아시아,

중남미 등 3개 지역에서 발생할 것으로 판단했다. 보고서는 물 부족, 흉작, 해수면 상승, 폭풍 해일 등의 현상으로 생존이 불가능해진 지역에 사는 사람들은 각국의 영토 안에서 다른 곳으로 이동할 수밖에 없을 것이라고 지적했다.

세계은행은 또 "경제적, 사회적, 정치적 이유 등으로 이미 각 나라 안에서 이주하고 있는 수백만 명에 더해 기후변화에 따른 이주민들이 추가될 것"이라고 경고했다. 그리고 기후변화로 인한 대량 난민 발생으로 새로운 혼란이 불가피하다고 내다봤다. 난민들이 찾아드는 지역의 경우 대규모 혼란이 발생하고, 행정체계나 경제·사회적 발전 모두 차질이 빚어질 수밖에 없기 때문이다. 세계은행은 이어 기후변화로 인해 지역 인구의 3%가량이 다른 지역으로 이주하는 상황이 벌어질 수도 있다고 예상했다. 이런 일이 발생하면 국경 분쟁은 물론, 난민이 유입된 나라의 경우 사회적 혼란, 사회간접자본·일자리·식량·물 등이 부족한 상황에 부닥칠 것으로 전망했다. 세계은행은 "기후변화로 인한 난민 발생 문제는 현실인데 지금이라도 단호한 행동에 나서면 위기로 이어지지는 않을 것"이라고 이러한 대량 난민 사태를 막을 방법이 아직 있음을 소개했다. 그 방법으로 각국이 세 가지 행동에 나설 것을 주문했다. 우선 각국의 온실가스를 더욱 줄이고, 기후변화로 인해 발생하는 난민 문제를 국가 개발 계획안에 포함할 것을 주문했다. 그리고 개발 계획에 필요한 자료수집과 분석에 더 많이 투자할 것을 제안했다.

세계은행은 "세계 각국의 온실가스 감축 노력과 경제 개발 등을 통해 난민 숫자를 1억 명가량 줄일 수 있다."고 하면서 "기후변화로 발생 가능한 위협에 대응할 방안을 세우고 행동에 나설 기회는 여전히 존재한다."고 소개했다.[11]

---

11) "세계은행의 경고… 2050년까지 기후난민 1억4천만 명", 〈에너지경제〉, 2018. 3. 20., 〈http://www.ekn.kr/news/article.html?no=350317〉, (접속일: 2018. 6. 14.).

북극 해빙은 어디로 갔나?

2015년 8월 21일 저녁 7시. 나는 인천국제공항 로비에서 하와이 호놀룰루행 비행기의 탑승을 기다리고 있었다. 인천국제공항은 언제나 사람들로 붐빈다. 이날도 어디론가 떠나려는 사람들로 대기실은 발 디딜 틈이 없었다. 대기실에 앉아 이륙하는 비행기를 보고 있노라면 뭔가 고요하면서도 아련한 느낌이 몰려온다. 긴 취재가 시작되는 날이었다. 내 가슴은 기대감과 흥분으로 가득했다. 처음으로 북극을 현장 취재하는 시작점에 서 있었기 때문이다. 그동안 북미, 유럽, 아시아, 호주, 중동 등 수많은 나라를 취재했어도 이때만큼 흥분되고 기대됐던 순간은 없었다.

당시 우리나라는 여름이었다. 북극 취재를 하러 간다고 했을 때 가족과 친구들은 "무더위를 피해 시원한 북극에서 여름을 나고 돌아오겠네."라며 부러움의 눈길을 보냈다. 북극은 지구의 기후변화를 불러일으키는 매우 중요한 곳이다. 지구의 작은 환경 변화에도 북극은 쉽게 영향을 받는다. 이 작은 북극의 변화가 지구 전체에 끼치는 영향은 매우 크다. 지구 온난화가 진행되면서 북극의 해빙이 줄어들고 있다. 북극은 남극과 달리 대륙으로 이뤄져 있지 않다. 땅이 없고 대부분 바다로 둘러싸여 있다. 그런 만큼 해빙의 양이 줄어들면 태양열의 지표 반사율이 감소할 수밖에 없다.

　해빙과 지표 반사율의 상관관계는 간단하다. 해빙은 태양에서 지구로 들어온 햇빛을 반사한다. 해빙의 표면이 대부분 흰색으로 돼 있기 때문이다. 바닷물은 이와 다르다. 검푸른 색을 띠기 때문에 태양 빛을 많이 흡수한다. 지구 온난화로 해빙이 녹기 시작하면 검푸른 바다가 더 많아질 것이고 그만큼 햇빛을 더 많이 흡수할 수밖에 없다. 즉, 알베도(Albedo)[12]가 낮아지는 셈이다. 하호경 인하대학교 해양과학과 교수는 "알베도가 감소하면 해양이 지니는 열에너지는 더욱 늘어나고 이는 해빙을 다시 가열하게 돼 또다시 해빙의 감소 속도가 증가하는 피드백 현상이 발생할 것"이라고 이

---

12)　햇빛을 반사하는 비율. 0~1까지 표현된다. 전부 반사할 경우는 1, 모두 흡수할 경우를 0으로 표시한다. 눈의 알베도는 0.6~0.8, 얼음은 0.3~0.4, 바닷물의 경우에는 얼음의 5분의 1 수준인 0.05~0.08에 불과하다.

러한 악순환에 관해 설명했다. 북극의 해빙이 녹아내리면서 기후
변화에 취약한 생태계도 문제점으로 떠오르고 있다.

북극으로 가는 길은 멀고도 험했다. 인천국제공항에서 극지연구
소 연구원들과 함께 하와이 호놀룰루로 향했다. 약 8시간 50여 분
을 비행한 끝에 하와이 호놀룰루에 도착했다. 호놀룰루는 북극으
로 가기 위한 일종의 준비 장소다. 이곳에서 하루를 머물면서 북극
으로 떠날 채비를 마무리한다. 연구원들은 추운 북극으로 가기 전
에 따뜻한 이곳에서 몸을 추스른다. 그러면서 연구 계획을 꼼꼼히
점검하는 것은 물론, 날씨 정보도 체크한다. 긴 항해를 앞둔 '폭풍
전야' 같은 시간이었다. 이어 현지 시각으로 8월 22일경 호놀룰루
에서 6시간의 비행 끝에 알래스카 앵커리지에 도착할 수 있었다.
여기서 끝이 아니었다. 우리나라 쇄빙선이 정박해 있는 알래스카
배로(Barrow)까지 3시간 12분의 비행이 더 남아 있었다. 비행기를
타고 또 타면서 조금은 지루한 비행이 계속되었다.

드디어 약 18시간의 길고도 긴 여정 끝에 8월 23일, 배로에 도착
했다. 저 멀리 'ARAON'이란 글씨가 선명하게 각인된 아라온(아라
는 '바다', 온은 '전부'라는 순수 우리말이다)호가 바다 한가운데에 떠 있
는 것이 보였다. 배로 공항에서 또다시 헬기를 타고 아라온호까지
5분 정도 걸리는 짧은 비행을 했다. 헬기가 이륙하자 조금은 황량

한 배로 시내가 한눈에 들어왔다. 마침내 아라온호 선미에 있는 헬기 이착륙장에 도착했다. 드디어 길고 긴 비행으로 지친 몸을 이끌고 아라온호에 승선할 수 있었다.

줄어들고 있는 해빙

아라온호는 당시 추크치해(Chukchi Sea)에 머물고 있었다. 이곳
은 북위 71도 정도 되는 곳이다. 아라온호는 인천항에서 출항해
몇 날 며칠을 운항해 이곳에 도착한다. 연구원들은 비행기로 아
라온호가 정박해 있는 배로에서 승선한다. 연구원들이 모두 승선
하면 예정된 연구지점으로 조금씩 이동하면서 비로소 북극 탐험
이 시작된다.

알래스카 배로에서 약 5분 정도 헬기를 타고 바다에 정박해 있는 아라온호에 도착했다. 헬기에
서 본 아라온호

아라온호에 처음 도착했을 때 바다 곳곳에 해빙이 수없이 떠 있을 줄 알았다. 그러나 그 기대는 송두리째 무너졌다. 날씨도 매우 추울 것으로 예상했다. 이마저도 예상치에서 완전히 어긋나 버렸다. 앵커리지에서 배로에 도착했을 때 날씨는 영하 2도 정도에 불과했다. 북극의 차가운 날씨를 느끼기에는 충분치 않았다. 뭔가 바람이 세게 불고 바다가 얼어붙어 있는 그런 모습을 잔뜩 기대했었다. 여기에 진눈깨비까지 내려 준다면 그야말로 북극이지 않을까.

이 같은 모습은 내 머릿속에 그린 그림일 뿐, 내 눈 앞에 펼쳐진 당시 북위 71도 추크치해의 북극은 전혀 그렇지 않았다. '이게 북극은 아닌데'라는 실망감마저 몰려들었다. 물론 당시는 북극의 해빙이 녹는 계절이기도 했다.

북극의 해빙은 매년 2~3월쯤에 최대치로 얼었다가 같은 해 9월쯤에 최소 규모를 보인다는 특징이 있다. 내가 도착한 시기는 8월 말로 해빙이 많이 녹는 시기였다. 문제는 매년 반복되는 최대치와 최소치에 큰 변화가 일어나고 있다는 점이다.

NASA의 관련 자료[13]를 보면 2015년 9월에 북극 해빙은 가장 최소치 규모를 보였다. 이때 그 규모가 약 441만㎢에 이르렀다. 이는

---

13) "Sea Ice", 〈Earthobservatory〉, 2016. 9. 16., 〈https://earthobservatory.nasa.gov/Features/SeaIce/?linkID=29177966〉 (접속일: 2018. 6. 14.).

1979년부터 이뤄진 인공위성이 파악한 기록 중에서 네 번째로 낮은 수치였다. 이어 2016년 3월 다시 얼기 시작한 해빙이 최대치 규모를 나타냈다. 이때 북극의 해빙 면적은 1,452만㎢에 달했다. 이후 다시 녹아내려 2016년 9월에 최소치 규모를 보였는데 414만㎢였다. 이는 인공위성이 관련 데이터를 취합한 이래 두 번째로 낮은 수치에 해당한다. 1979년부터 2015년까지, 9월의 평균 해빙은 10년 동안 약 13.4% 줄어든 것으로 분석됐다.

NASA 측은 "이 같은 해빙의 감소는 자연적 변동성과 지구 온난화 등이 원인으로 지목되고 있다."고 설명했다. NASA가 인공위성으로 분석한 해빙 데이터를 두고 과학자들은 다양한 미래 전망을 하고 있다. 단지 '해빙이 줄어든다'는 단순한 사실에만 머물지 않기 때문이다. 해빙의 규모는 북반구 날씨에 큰 영향을 미치는 '북극진동(Arctic Oscillation)'과 밀접한 연관성이 있다. 북극진동은 북반구 고위도에 존재하는 차가운 공기가 중위도 지역으로 주기적으로 남하하는 현상을 일컫는다. 우리나라도 북극진동의 영향을 받는다.

북극 해빙을 두고 많은 기후변화 전문가들은 이 같은 흐름이 지속된다면 21세기가 끝날 때쯤에는 일 년 중 일부분은 해빙이 아예 없는(Free Sea Ice) 시기가 찾아올 것으로 내다보고 있다. 어떤 예측 모델은 이보다 더 비극적인 결론을 내놓기도 한다. 해빙이 없는 현상이 21세기 중반에 일어날 것이란 진단도 있다. 얼마만큼의 북극 해빙이 녹아내리는지에 따라 자연 변동성에 큰 영향을 미치고 이는 곧바로 북극진동으로 이어지는 고리가 만들어진다는 것이다.

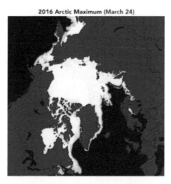

북극해의 2016년도 해빙 최대치(3월 24일)와 최소치(9월 10일)(사진 제공: NASA)

또한, 해빙 면적의 변화는 여기에만 그치지 않는다. 해빙은 북극 생태계에 있어 매우 중요한 역할을 한다. 해빙과 함께 삶을 이어가고 있는 물개와 북극곰에게 해빙이 사라진다는 것은 서식지가 없어진다는 의미와도 직결된다. 이는 해빙에서 물개를 잡아먹으며 살던 북극곰의 이동이 불가피하다는 것이고, 앞으로는 먹잇감을 찾던 북극곰이 주민들의 주거지까지 침입하는 사례가 증가할 것으로 보고 있다. 실제로 최근에 북극곰이 주거지까지 내려오는 사례가 빈번한 것으로 알려졌다.

한반도의 기후도 북극의 변화에 민감하게 반응한다. 북극이 어떻게 변하느냐에 따라 한반도의 기온에는 큰 변화가 발생한다. 2012년 2월, 우리나라에 강력한 한파가 찾아온 적이 있다. 기상청의 자료를 보면 2012년 2월 2일 서울의 아침 최저기온은 영하 17.1도에 달했다. 2월 3일 봉화는 영하 27.7도를 기록했다. 전국이 꽁꽁 얼어붙었다고 표현하는 게 적절했던 시기였다. 기상청은 당시 그 원인으로 '북극진동'을 꼽았다.[14] 북극진동은 찬 공기의 소용돌이가 수십 일 또는 수십 년 주기로 강약을 되풀이하는 속성을 지닌다. 이를 지수화한 것이 '북극진동지수'다. 북극진동지수가 양(+)

---

14) "2월 한파, 북극진동이 원인", 〈기상청 포토뉴스〉, 2012. 2. 3., 〈http://web.kma.go.kr/notify/focus/list.jsp?bid=focus&mode=view&num=663〉 (접속일: 2018. 6. 14.)

의 값이면 중위도 지역에는 따뜻한 겨울이, 음(-)의 값이면 추운 겨울이 나타난다.

당시 기상청은 한파의 원인을 "북극진동지수가 음(-)으로 떨어져 제트기류가 약해지면서 북극의 찬 공기가 남하한 것"이라고 설명했다. 이어 "이 때문에 미국, 동유럽과 동아시아 지역에 극지방의 차가운 공기가 상층기압골을 따라 남쪽으로 이동해 한파와 폭설 피해가 발생했다."고 분석한 바 있다. 북극의 해빙 규모는 북극진동에 영향을 끼치고 그 여파는 고스란히 우리나라에 영향을 미친다는 것을 보여주고 있다. 이처럼 북극에 관해 알고 파악하는 것은 우리의 생존 문제와 직결된 매우 중요한 일이다.

아라온호에서 본 추크치해. 해빙이 곳곳에 떠 있을 줄 알았는데 전혀 그렇지 않았다

2012년 유럽에서도 영하 40도에 이르는 한파로 약 600명이 사망했다. 당시 한반도의 한파 피해는 금액으로 환산했을 때 2,000억 원을 웃돌았다. 2013년~2014년경에는 북미에도 한파가 찾아와 연간 약 50조 원에 이르는 손실을 끼쳤다. 전문가들은 그 원인을 '북극 소용돌이'의 남하에서 찾는다. 북극과 남극에는 극소용돌이가 있다. 기온은 약 영하 50~60도에 이른다. 극소용돌이의 경계에는 제트기류가 흐르고 있다. 지구 온난화가 계속되면서 북극이 뜨거워졌다. 이 때문에 제트기류가 약해지면서 영하 50~60도에 이르는 북극 소용돌이가 중위도 지역까지 남하한 것이다. 즉, 지구 온난화로 인한 북극 소용돌이의 변화가 최근의 한파를 설명하는 한 이론이 되고 있다.[15]

사실 우리나라가 북극 연구에 적극적으로 나선 시기는 다른 나라와 비교해 보면 상대적으로 많이 뒤처져 있다. 극지연구소의 자료[16]를 보면 다른 나라의 경우 1878년부터 북극 연구를 시작한 것과 달리 북극에 대한 우리나라의 관심은 1969년부터 시작됐다. 그것도 연구 활동 등 탐험과 탐사가 목적이 아니라, 당시 베링해에서의 명태잡이 등 간접적인 관심을 보였던 것이 전부였다. 우리나라

---

15) 김백민, 국가기후변화적응센터 뉴스레터 Vol 2, 2017, p. 15.
16) 극지연구소, 「극지에 대한 이해」, 2015.

가 본격적으로 북극 연구에 뛰어든 시기는 기초 연구가 시작된 1990년대다. 1999년 7월, 중국의 쇄빙선 설룡호에 우리나라 강성호 박사가 북극 해양연구원으로서는 처음으로 승선해 연구한 것을 북극 연구의 출발점으로 보고 있다.

비록 북극 탐험 역사는 짧지만, 우리나라의 북극 탐험은 시간이 흐를수록 속도를 내고 있다. 우리나라는 2002년 4월 국제북극과학위원회(ISAC)에 정식 국가로 가입했다. 또한, 같은 해 북위 78도 55분 지점(스발바르 군도 스피츠베르건 섬의 니알슨 과학기지촌)에 다산 과학기지를 만들고 적극적으로 북극 연구에 참여하게 된다. 2006년부터 건조되기 시작해 2009년 6월 11일 마침내 완성된 쇄빙선 아라온호의 등장은 우리나라 북극 연구에 '터닝 포인트'를 만들었다. 해빙이 꽁꽁 얼어붙은 북극의 한겨울에도 쇄빙선으로 두꺼운 얼음을 깨면서 자체적으로 북극 연구를 할 수 있게 된 것이다. 쇄빙선이 있다는 것은 남북극 연구에 있어 선두그룹에 속해있다는 것을 방증한다.

뒤에서도 다시 살펴볼 예정이지만, 사실 북극은 남극과 조금 차이가 있다. 미국, 러시아, 캐나다, 핀란드, 덴마크 등 북극권 국가들은 2008년부터 잇따라 '북극 전략'을 발표한 바 있다. 이들이 내놓은 북극 전략의 요점은 북극 항로 개척과 자원 개발에 대한 것이다. 특히 자국의 권익을 보호하겠다는 게 우선이다. 북극은 각국의 경계가 뚜렷하다. 이 때문에 각국의 이해관계가 복잡하게 얽혀 있는 곳이기도 하다. 반면 남극은 그 어떤 나라에도 소유권이 없다. 이러한 점이 남극 탐험과 연구가 북극과 비교되는 부분 중의 하나다.

이런 가운데 2013년 당시 버락 오바마 미국 대통령이 발표한 '북극권 국가전략'은 눈여겨볼 만한 점이 많다. 물론 이 전략 역시 북극해에 대한 미국의 주도권을 확대하겠다는 내용을 기본으로 담고 있다. 여기에 오바마 대통령은 '기후변화에 따른 북극 보호'라는 이념도 함께 내놓았다. 당시 오바마 대통령이 내놓은 전략은 크게 여섯 가지로 정리된다. 오바마 대통령은 재임 동안 알래스카를 직접 방문하는 등 북극에 대해 큰 관심을 나타냈다. 기후변화 대응에도 적극적으로 나서야 한다는 것을 직접 보여 주었다.

그는 우선 북극 지역과 관련된 국가안보, 국토안보의 필요성을 강조했다. 두 번째로 북극의 환경을 보호하고 생물학적 자원을 보존할 것이라고 밝혔다. 세 번째로는 북극 지역의 자원관리와 경제개발이 환경파괴 없이 지속가능하다는 것을 보장한다고 밝혔다. 네 번째로는 캐나다, 덴마크, 핀란드 등 8개 북극 국가의 국제협력을 강화할 것이라고 다짐했다. 다섯 번째, 북극 원주민 집단을 지역 문제 의사결정에 참여시키겠다고 공언했다. 마지막으로 오바마 대통령은 지구 환경 문제에 대한 과학적 모니터링과 연구 활동을 증진시키겠다고 덧붙였다.

여기서 주목해야 할 것은 '환경 보호' '원주민 의사결정' '과학적 모니터링'이라는 세 가지 키워드다. 당시 우리는 아라온호에 승선해 고위도 지역으로 올라가기 전에 아라온호 안에서 미국 관리들로부터 여권 심사를 받아야 했다. 이때 비자가 없으면 추방되었다. 나도 북극 취재에 앞서 한국 주재 미국대사관에서 취재 비자를 따로 발급받았다. 추크치해는 북극에 해당하는데, 이곳은 미국이 관할하는 지역이라는 점을 명확히 하고 있다. 북극해에 대한 미국의 배타적 권리를 상징적으로 보여주는 대목이다. 오바마 대통령이 강조한 '환경 보호'와 '과학적 모니터링'은 이런 측면에서 앞으로 국제 협력이 더 중요하다는 메시지를 담고 있다. 비록 미국이 배타적 권리는 가지고 있지만, 기후변화에 따른 과학적 연구와 환경 보호도 중요한 만큼 어느 한 나라가 해결할 문제가 아니라 국제적으로 공조하자는 주문을 한 셈이다.

나는 2015년 8월 23일 아라온호에 승선해 방을 배정받고 이틀 동안 정박하면서 비상시 안전대책 등 여러 가지 준비학습 과정을 거쳤다. 23일 첫날 밤은 몸이 피곤한 나머지 침대에 쓰러져 곯아떨어졌다. 우리나라 인천공항에서 시작해 하와이를 거쳐 앵커리지, 배로, 아라온호로 이어진 긴 비행은 시차를 떠나 매우 힘든 여정이었다. 도중에 하와이에서 하루 쉰 게 전부였고 나머지는 계속되는 비행과 비행의 연속이었다.

저녁 8시부터 정신없이 잠에 빠져들었다. 몇 시간을 잤는지 알지도 못할 만한 시간이 지나고 저절로 눈이 떠졌다. 커튼 사이로 해가 떠 있었다. 다음 날 아침이겠거니 싶었다. 시계를 보니 11시를 가리키고 있었다.

'다음 날 오전 11시인가?'

피곤한 나머지 잠을 너무 많이 잤다는 생각이 들었다. 그러나 이는 나의 착각이었다. 겨우 3시간 남짓 자고 일어난 것에 불과했다. 시계가 가리킨 11시는 다음날 오전 11시가 아니라 그날 밤 11시였다. 북위 71도 추크치해는 밤 11시에도 서쪽으로 태양이 지지 않았다. 해가 아직 떠 있었다. 8월의 추크치해는 밤 12시 이후가 돼야 해가 졌다. 해는 다음 날 4시에 다시 떴다. 밤이 아주 짧고 낮은 매우 길었다. 그제야 '여기가 북극이 맞긴 맞는가 보다'는 느낌이 들었다.

그렇게 하룻밤을 아라온호에서 보낸 뒤 여기에 온 목적을 상기했다. 우선 아라온호에 대한 사전 탐색이 필요했다. 아라온호는 바다를 누비는 '연구실'이다. 곳곳에 필요한 연구실이 들어서 있고 각종 장비가 탑재되어 있다. 아라온호의 길이는 111m, 폭은 19m에 이른다. 승선 인원은 약 85명이다. 선장과 항해사, 갑판장, 조리장 등 승조원 25명, 연구원 60명 정도가 탈 수 있다. 선미에는 헬기가 이착륙할 수 있는 전용 데크(Deck)가 있다.

처음엔 아라온호의 이곳저곳을 혼자 기웃거리면서 어떤 시설이 있는지 파악했다. 몇 개의 층으로 이뤄져 있고 연결 통로가 미로처럼 얽혀 있어 처음엔 길을 잃기에 십상이었다. 체력 단련실, 식당, 연구실 등을 둘러보면서 분주히 계단을 오르내렸다. 왔던 길을 다시 오고 다시 돌아가기를 반복했다. 이런 나를 한 승조원이 유심히 지켜보더니 애처로운 눈빛을 보냈다. '지금 뭐 하세요?'라는, 조금은 이해되지 않는다는 눈길이었다.

"여기 엘리베이터 있는데요."

"네?"

아라온호에는 엘리베이터가 있었다. 독특한 엘리베이터였다. 문을 여닫는 식이라 겉으로 봐서는 엘리베이터인지 분간하기 쉽지 않았다. 문을 열고 타서 문을 닫은 뒤 가고 싶은 층을 누르면 엘리베이터가 작동했다. 그 승조원의 '애처로운 눈빛'을 통해 전달받은 정보는 이후 계단을 오르내리는 나의 수고를 많이 줄여 주었다.

아라온호(사진 제공: 극지연구소)

아라온호는 쇄빙선이다. '쇄빙'은 말 그대로 얼음을 깬다는 의미다. 아라온호는 얼음에 부딪혀도 손상이 없을 정도로 두꺼운 철판으로 구성돼 있다. 아라온호의 무게는 약 7,700톤 정도다. 덩치는 크지만, 속도는 다른 배와 달리 조금 느리다. 얼음을 깨면서 나아가기 때문에 속도보다는 안전성에 무게를 둔 설계 탓이다. 당시 아라온호의 선장은 김광헌 씨(54)였다. 김 선장은 아라온호를 소개해 달라는 나의 주문에 "얼음을 깨는 쇄빙선이기 때문에 선박 두께가 약 40㎜의 강철"이라는 말부터 먼저 던졌다. 특히, 일반 배와 다르다는 점을 강조했다. 아라온호는 바다 한가운데 정박해야 하는 경우가 많다. 북극해는 대륙이 없기 때문이다. 이 때문에 일반 선박과 다른 장치가 많다. 우선 다이내믹 포지션 기능이 눈에 띄었다. 아라온호를 운항하기 위해서는 이 자격증이 꼭 필요하다. 다이내믹 포지션은 닻을 내리고 정박하는 게 아니라, 배가 바다 한가운데 있더라도 자동으로 위치를 고정해 주는 시스템을 의미한다.

두 번째로 중요한 기능은 아이스(Ice) 내비게이션이다. 아이스 내비게이션은 말 그대로 얼음 지도를 뜻한다. 북극의 고위도로 올라갈수록 수많은 해빙을 만난다. 떠다니는 유빙에서부터 꽁꽁 얼어붙은 만년빙까지 유빙의 종류는 매우 다양하다. 이런 상황에서 아이스 내비게이션은 배를 어떻게 움직여야 하는지를 판단할 수 있는 매우 중요한 데이터를 제공한다. 단순히 얼음의 위치를 알려주는 것에 머물지 않고 얼음의 성질, 특성 등을 모두 파악하는, 쇄빙선의 필수 장치다.

아라온호는 매년 북극과 남극을 오가는 항해를 이어가고 있다. 7~9월까지는 북극 탐험에 나선다. 이어 인천항으로 귀항한 뒤, 10월부터 이듬해 4월까지는 남극으로 향한다. 남북극을 매년 운항하다 보니 배의 운항 가능 최대일수를 넘기는 경우도 종종 있다. 이런 상황을 감안하여 정부는 1만 2,000톤급의 제2 쇄빙선 건조계획을 추진하고 있다. 아라온호를 비롯해 두 개의 쇄빙선이 구축된다면 우리나라의 남북극에 대한 연구 시스템은 획기적으로 변화할 것으로 기대된다. 두 개의 쇄빙선이 남북극을 도맡아 집중적으로 연구할 수 있는 환경이 갖춰지는 셈이다.

이틀을 머문 8월 25일 정오, 마침내 아라온호가 추크치해에서 출항했다. 짙푸른 바다를 가르며 북극의 고위도를 향해 아라온호는 천천히 나아갔다. 앞으로 약 20일 동안 육지를 볼 수 없다는 아쉬움이 한꺼번에 몰려왔다. 그러나 그 아쉬움은 곧 '진정한 북극'으로 향한다는 설레는 감정에 밀려 시원하게 흩어졌다.

북극곰의 비극

"폴라베어(Polar Bear, 북극곰)다! 북극곰이다!"

아라온호에 승선해 연구하는 이들에게 반가움과 기쁨을 주는 두 가지 요소가 있다. 긴 항해 동안 아침에 일어나서 일하고, 점심을 먹고, 주변 사람들과 이야기를 나누고, 저녁에 자신이 배정받은 침실에서 두 다리를 뻗고 잠을 잘 수 있다는 것. 즉, 자신이 살아 있다는 것과 지구 생명체의 아름다움을 느낄 수 있는 순간이 바로 그것이다. 아라온호에 탑승해서 한 달 가까이 해빙과 바다, 자신이 쓰는 방과 연구실만 오가는 생활을 하다 보니 조금은 지루한 일상의 연속이었다. 이런 지루한 일상에 반짝하는 생동감을 불어넣어 주는 것이 있는데 그중의 하나가 바로 북극곰이다. 해빙 위를 거니는 북극곰을 만나는 것은 북극에서 짜릿한 순간을 느낄 수 있는 경험이다. 또 하나는 극지방에서만 볼 수 있는 오로라(Aurora)다. 아라온호에 매년 승선해 안전한 운항을 돕는 승조원들은 시간이 갈수록 북극곰 보기가 힘들다고 입을 모았다. 추크치해에서 출항한 아라온호가 며칠을 운항했는데도 북극곰은 볼 수 없었다. 그도 그럴 것이, 해빙이 많이 녹아 북극곰이 먹이 활동을 하기에는 역부족이었기 때문이다.

북극곰이 벌떡 일어나 우리를 반겼다. 홀로 서 있는 모습이 외로워 보였다

현지 시각으로 8월 30일 저녁 8시. 마침내 '폴라베어'가 눈앞에 나타났다. 북위 75도의 북극해 동시베리아 근처를 지날 때였다. 당시 아라온호 메인 데크에서는 깊은 곳에 있는 해저 퇴적물을 끌어올리는 롱 코어(Long Core) 작업이 한창이었다. 나는 메인 데크에서 작업 중인 현장을 1층 데크에서 사진으로 촬영하는 중이었다. 진눈깨비가 뿌옇게 휘날리고 있었다. 동시베리아의 찬바람이 피부로

사정없이 파고들었다. 아라온호는 천천히 앞으로 나아가고 있었다. 고위도로 다가갈수록 넘실거리는 바다는 줄어들고 커다란 해빙이 곳곳에서 나타났다.

출항한 이후 거대한 해빙이 지나가면 그곳을 자세히 살펴보는 게 나의 주된 일이었다. 그곳에서 북극곰 등 북극에서 만날 수 있는 생명체를 볼 수 있을까 하는 기대감 때문이었다. 이날도 연구 현장을 취재하는 동시에 스쳐 지나가는 커다란 해빙을 쳐다보고 있었다. 그때 북극곰이 마치 자신을 보고 가라는 듯 두 팔을 벌리

한 마리의 북극곰이 해빙 위에서 지나가는 우리를 지켜보고 있다

고 성큼 일어서는 모습이 찰나의 순간 내 눈에 들어왔다. 하마터면 지나칠 뻔했다. 하얀 해빙 위에 흰 털로 덮여 있는 모습을 확인하기란 쉽지 않았다. 북극곰은 우리를 강렬한 눈빛으로 쳐다보았다. 앞발을 우뚝 세우면서 커다란 몸을 일으켜 세웠다. 나는 손에 들고 있던 카메라의 셔터를 사정없이 눌러댔다. 몇백 미터나 떨어진 곳이라 초점 맞추기가 쉽지 않았다. 북극곰이 나타났다는 소리에 승선한 모든 이가 그쪽으로 시선을 모았다. 항해 닷새 만에 처음으로 보는 북극곰이었다. 북극에서 북극곰을 보는 것은 일상이어야 하는데 이제는 본다는 것 자체가 점점 어려워지고 있다. 북극곰은 기후변화의 아이콘으로 통한다. 아라온호는 2009년부터 남북극을 항해했다. 2013년도까지만 해도 매년 북극을 탐험할 때마다 북극곰은 흔히 볼 수 있었다고 승조원들은 입을 모아 말했다.

이재근 아라온호 갑판장은 "2013년까지는 북극곰을 자주 볼 수 있었다."며 "2014년과 2015년에는 북극곰을 볼 수 없었는데 오늘 보게 돼 기쁘다."는 소감을 전했다. 이 갑판장은 "2013년 북극곰을 봤을 때는 건강하고 용맹한 모습이라기보다는 뭔가 측은하고 굶주림에 지쳐있는 모습이었다."라고 기억을 떠올렸다. 해빙에 실려 아라온호에서 점점 멀어지는 한 마리의 북극곰을 보며 반가운 표정이었던 많은 이가 "앞으로 잘 살 수 있을까?"라며 한목소리로 안타까운 심정을 전했다. 홀로 외로이 해빙 위에서 먹잇감을 찾고 있는 그의 몸짓이 무척이나 쓸쓸해 보였다.

21세가 끝날 때쯤이면 기후변화로 북극곰이 사라질지도 모른다는 조사 보고서가 전문가들의 연구 결과를 통해 속속 나오고 있다. 북극곰은 현재 약 2만~3만 마리 정도만 살아있는 것으로 추정된다. 북극곰에게 얼음은 생명을 지탱하는 기본 시스템이다. 북극곰의 주요 먹이는 바다표범이다. 바다표범은 물속에 있다가 얼음 위로 올라오는 습성을 지니고 있다. 이때를 놓치지 않고 북극곰은 바다표범을 사냥해 자신의 에너지를 충전한다. 동시에 새끼들에게 먹일 양식을 구한다. 지구 온난화가 계속되고 얼음이 사라지면 북극곰은 먹이를 확보하는 데 어려움을 겪을 수밖에 없을 것이다.

북극 육지와 북극해에는 다양한 생명체들이 살고 있다. 육지에는 여우, 순록, 늑대, 북극곰, 관목, 이끼류 등이 공동체를 이뤄 생태계를 만들고 있다. 북극해는 플랑크톤, 고래, 물개, 바다표범, 바다코끼리, 어류 등이 삶을 이어가고 있는 곳이다. 북극곰뿐 아니라 지구 온난화로 북극과 북극해 생태계가 심각한 영향을 받고 있다. 북극해 생태계는 계절적으로 해빙과 결빙에 의해 크게 영향을 받는다. 바다가 얼고 녹는 시기에 민감한 반응을 보이는 곳이다. 이 같은 반복되는 시스템에 큰 균열이 발생하고 있다.

북극에 사는 생명체들은 낮은 온도에서 진화해 왔기 때문에 북극의 급격한 온난화는 해양생물의 서식지 변동과 먹이 이용 가능성에 변화를 일으키기 마련이다. 즉, 해양 생태계 전체 먹이사슬에 큰 영향을 끼친다. 최근 북극해 온난화를 증가시키는 주요 원인으로는 '대기-해양 열 교환 변화' '해빙 면적 감소' '담수 유입 증가' '산성화' 등이 꼽히고 있다.

양은진 극지연구소 해양환경연구실장은 "온난화가 진행될수록 저위도 해역에 살던 해양 종들이 북극해 쪽으로 점차 이동하고 있는 상황"이라며 "북극해 고위도 해역에 외래종의 유입이 증가해 먹이와 자원을 놓고 생물 종 간의 경쟁이 치열해질 것"이라고 전망했다. 해양 생태계가 급변해 잠재적으로 특정 종이 감소하거나 사라질 수도 있다는 분석이다.

2015년도에 북극 1항차 연구를 이끌었던 양 실장은 "북극해 1항차 연구는 해빙 감소와 수온 증가로 북극해 환경 변화 연구에 초점을 맞췄다."며 "해양 생태계의 변동은 짧은 시간에 이뤄지는 것이 아니기 때문에 연속적이고 장기적인 비교 연구가 중요하다."고 설명했다. 극지연구소는 2011년부터 북극 추크치해역 주변의 연구를 매년 수행하고 있다. 2015년 북극 항해와 연구에서도 같은 지역에 대한 연구를 진행했다. 그는 시기에 따른 데이터를 상호 비교하면 해빙의 변화와 생태계 환경 변화에 대한 예측의 폭을 넓힐 수 있다고 강조했다.

2015년 2항차의 책임과학자인 남승일 극지연구소 책임연구원은 북극의 중요성을 이렇게 설명했다.

"북극해에는 대서양의 따뜻한 물이 흘러들어와 수심 약 300~1,000m의 중층수를 이룬다. 대서양에서 들어온 물 위에 태평양에서 온 물이 포개지는데, 이때 외부에서 유입된 물이 북극해에 미치는 영향도 크다. 대서양과 태평양의 물이 만나는 곳이 이곳 북극해다."

우리나라의 경우, 북극 생태계의 변화는 한 부처, 한 연구소만이 할 수 있는 일은 아니라고 전문가들은 진단했다. 국가과학기술연구회 소속 15개 정부 출연 연구소는 2015년 극지연구소와 업무협약을 체결했다. 당시 이상천 국가과학기술연구회 이사장은 "극지연구를 위해 융합과 개방의 시대적 흐름에 부합할 수 있도록 과학기술계가 역량을 결집해야 한다."며 "융합 연구를 기본으로 실제적이고 지속적 협력을 통해 명실상부한 극지 분야 G10 반열에 오를 수 있도록 노력해야 할 것"이라고 주문했다.

북극곰은 온난화 속에서 지금 어떤 상황에 직면해 있을까. 설원(雪原) 위에서 하얀 털을 가진 북극곰이 새끼와 다정하게 걷는 모습은 자연의 경이로움을 일깨워주는 한 모습으로 각인돼 있다. 새끼는 어미 뒤에서 잰 발걸음을 놀리며 귀여운 짓을 하고 어미는 그런 새끼의 털을 혀로 핥아주면서 서로의 존재를 확인한다. 야생의, 있는 그대로의 자연은 우리에게 생명체의 소중함을 일깨워 준다. 인류에게 자연은 없어서는 안 될 존재다. 자연이 사라지는 것은 순식간인데 그 이후 인류에게 미치는 영향은 가학적이고 파괴적이다. 인류는 자연을 파괴하고 나서야 뒤늦게 자연의 소중함을 깨닫는 비극적 순간을 많이 경험해 왔다. 지금 파괴되고 있는 자연을 보전·보호하지 못한다면 궁극적으로는 인류의 종말로까지 이어질 수 있다는 진단도 제기되고 있다. 자연이 파괴되면 그 최종 비극은 인간에게 다시 돌아올 것이라는 지적이다. 북극곰에 대한 최근의 연구 결과를 보면 이 같은 비극적 결론에 이를 수 있다는 것을 여실히 보여주고 있어 관심이 집중되고 있다. 더 이상 '어미 북극곰과 새끼 북극곰'의 앙증맞은 모습을 볼 수 없을지도 모른다는 전문가들의 지적이 이어지고 있다. 자연재해나 혹은 치명적 질병으로 인해 사라지는 것이 아니기 때문에 더욱 안타까운 상황이다. 북극곰 자체에 문제가 생겨 일어나는 일도 아니다. 바로 인류가 만든 인위적 원인 때문이라는 게 전문가들의 공통된 지적이다. 인류는 더욱더 많은 경제적 성과를 얻기 위해 수많은 에너지원을 이용했고 지금도 그 이용량은 폭발적으로 증가하고 있다. 그 결과로 지금 지구는 온실가스로 인해 전 세계적으로 고통받고 있다. 온실가스 증가로 인한 지구 온난화로 아장아장 걷는 '새끼 북극곰'을 21세기가 끝날 때쯤엔 볼 수 없을 것이란 비극적 결말이 나오는 배경이다.

2075년도에는 북극곰이 멸종될 수도 있다는 진단이 나왔다. 북극 바다의 얼음이 점점 사라지고 있는 것과 무관하지 않다. 남극과 북극의 빙하는 지금도 지구가 따뜻해지면서 그 크기를 줄여가는 중이다. 하얀 세상이 사라지는 것도 보기에 좋지 않은데, 이로 인해 그곳에서 오랫동안 삶을 지탱해 왔던 생명체에 직접적 영향까지 끼치고 있다. 전문가들은 북극곰의 비극적 상황을 두고 '새끼 없는 세상(a World without cubs)'이라고 표현했다. 이 비극적 말이 북극곰에게는 앞으로 60년 안에 현실이 될 운명에 빠졌다. 바다 얼음이 계속해서 사라지면서 북극곰이 새끼를 낳아 키울 만한 북극의 조건이 최악의 상황으로 빠져들고 있기 때문이다. 온실가스 배출이 계속되고 지구 온난화가 이어진다면 북극곰의 멸종은 거부할 수 없는 현실로 다가올 것이라고 전문가들이 경고하고 나섰다.

2075년 캐나다 북극해 제도에서는 새로 태어난 북극곰 새끼들이 목숨을 잃는 사태가 여기저기에서 관찰될 것으로 분석됐다. 북극해 제도는 2만 마리의 북극곰 중 4분이 1이 사는 지역이다. 캐나다 앨버트대학의 스티븐 해밀턴(Stephen Hamilton) 연구팀은 이 같은 내용을 담은 조사 보고를 내놓았다. 새로운 세대가 늙은 세대를 대체하지 못하는 종은 멸종될 수밖에 없다. 성인이 아이를 낳고, 아이는 어른이 되고, 다시 아이를 낳고 하는 선순환이 종의 다양성을 확보하는 길이다. 최근 언급되고 있는 '인구 절벽'도 이 같은 논의의 연장이다. 아이를 낳지 않는 젊은 세대들이 증가하면서 출산율이 심각하게 떨어지고 있다. '아기가 없는 세상'은 우울하다. 해밀턴 박사의 연구는 북극해 제도의 바다 얼음이 사라졌을 때 북극곰들은 이곳에서 삶을 이어가지 못한다는 시뮬레이션을 제시했다. 결론적으로 현재 추세가 이어진다면 21세기 말에는 북극곰의 상당수가 사라질 것으로 내다봤다.

북극곰들은 사라지는 바다 얼음을 피해, 살 수 있는 곳으로 계속 이동하고 있는 것으로 확인됐다. 연구팀의 조사 보고서를 보면 "더 이상 북극곰이 갈 곳이 없다."는 결론에 이르렀다. 북극곰들이 바다 얼음이 있는 곳을 찾아 가장자리까지 내몰렸고 막다른 골목에 처했다는 분석이다. 앞에서도 언급했듯이 북극곰에게 바다 얼음은 생명을 지탱하는 가장 기본 시스템이다. 다섯 마리의 성장한 수컷 중 1마리와 아주 어린 곰, 나이 많은 곰들은 이런 조건에서 매년 굶주리게 될 것으로 전망됐다. 해밀턴 박사는 "먹이 부족과 새끼를 가진 암컷의 은신처가 사라지면서 새끼들의 50~100%가 생존하기 힘들 것"이라고 진단했다. 즉 2100년쯤에 이르면 북극곰이 낳는 새끼 중 1마리도 제대로 살아나기 힘들다는 연구 결과를 내놓은 것이다.

해밀턴 연구팀의 이런 절망적 분석에 대해 비판적 시각을 가진 과학자들도 물론 있다. 이는 지구 온난화를 두고 과학자들 사이에 논란이 존재하는 것과 맞물려 있다. 심각한 상황이라고 지적하는 부류와 생각만큼 절망적이지 않으며 인류의 노력으로 충분히 극복할 수 있다는 진단이 동시에 존재한다. 북극곰의 운명을 두고서도 과학자들 사이에 의견이 엇갈린다. 아직 북극 바다 얼음이 완전히 사라지지도 않았고 앞으로 어떻게 될 것인지 확신할 수 없다는 것이다. 물론 여기에는 지구 온난화를 늦출 수 있는 인류의 노력이 절실하다는 전제 조건이 기본적으로 깔려 있다. 그러나 분명한 것은 여러 곳에서 북극곰이 사라지고 있다는 객관적 사실이다. 실제로 2001년과 2010년 사이에 캐나다 남쪽 보퍼트해에 살고 있던 북극곰의 40%가 사라진 것으로 나타났다. 또 지난 20년 동안 서쪽 허드슨만에 정착한 북극곰의 개체 수가 지속적으로 줄어든 것으로 조사됐다. 그러나 이런 구체적인 데이터에도 불구하고, 몇몇 전문가는 북극곰이 멸종되지는 않을 것이라고 믿고 있다. 제퍼리 브

로마긴(Jeffery Bromaghin) 미국 앵커리지 지질연구소 박사는 "북극의 바다 얼음이 사라진다면 북극곰에 큰 위기가 닥칠 것"이라는 의견에는 동의했다. 그럼에도 불구하고 그는 "인류의 노력이 눈에 띄는 성과를 거둔다면 북극곰은 멸종되지 않고 분명 인류 곁에 살아남을 것"이라고 주장했다. 더 늦기 전에 북극곰을 보호하기 위한 노력이 필요하다는 것이다.

한편 유엔 정부 간 기후변화협의체(IPCC)는 2013년 발표된 IPCC 제5차 과학보고서에서 현재와 같이 온실가스를 배출할 경우 2100년에 이르면 이산화탄소 농도는 936PPM에 도달하고, 지구 평균 온도는 3.7도 오르며, 해수면은 63㎝ 상승할 것이라고 제시했다. 그리고 이 같은 기후변화를 막기 위해 전 세계는 에너지 최종소비를 2030년까지 현재의 20%, 2050년까지는 최대 30%를 감축해야 한다고 제시했다.

이 같은 노력이 실제로 이뤄질 것인지는 의문이다. 지금도 지구촌은 개발과 성장을 위해 석탄과 석유 등을 거침없이 태우고 있기 때문이다. 북극곰이 기후변화에 따른 환경 변화에 적응하지 못할 것이란 연구 결과는 이뿐만이 아니다. 미국 와이오밍대학교의 존 화이트맨 연구팀은 2015년 캐나다 근처의 보퍼트해에 있는 북극곰을 관찰한 결과, 이들이 먹이 부족으로 에너지를 최대한 줄이는 노력을 하고 있지만 여의치 않다는 연구 결과를 〈사이언스지〉에 발표했다. 당시 〈네이처〉, 〈사이언스〉, 〈뉴사이언티스트〉 등 주요 해외 과학 매체 대부분이 이 같은 소식을 앞다퉈 전했다.

최근 다큐멘터리 등을 통해 한창 활동해야 할 북극곰이 힘없이 해안에 쓰러져 기운을 차리지 못하고 있는 모습을 종종 볼 수 있다. 북극곰은 기후변화를 견뎌낼 수 있을까? 기후변화로 북극의 얼음이 녹고 먹이가 부족해지면서 북극곰은 현재 절체절명의 위기에 처해 있다. 최대한 활동량을 줄이면서 생존을 위해 몸부림을 치고 있지만 극복하기 쉽지 않아 보인다. 그동안 북극곰들에 마지막 희망은 있었다. 북극곰이 기후변화에 적응하면서 스스로 견뎌낼 수 있을 것이란 희망이었다. 이런 희망이 존 화이트맨의 연구 결과를 통해서 절망으로 바뀌었다. 얼음이 사라지다 보니 북극곰들은 8~10월 사이 해안에 머무는 경우가 많다. 전문가들은 8~10월 사이 먹이가 부족할 때 북극곰이 유사 겨울잠을 자는 것처럼 스스로 신진대사와 활동량을 줄이면서 적응할지도 모른다는 희망을 품었었다.

화이트맨 연구팀이 보퍼트해의 30마리 북극곰을 대상으로 관찰한 결과, 여름에는 실제로 북극곰들이 활동량과 신체 온도를 조금 줄이는 것으로 확인됐다. 그러나 문제는 그들의 몸무게를 지탱하고 생존 능력을 키울 수 있을 정도로 충분히 대응하지 못한다는 데 있었다.

화이트맨 박사는 "북극곰이 활동량과 신체 온도를 줄이기는 하는데 이는 유사 겨울잠을 자는 형태가 아니라 먹이 부족에 따른 임시방편에 불과했다."고 분석했다. 그는 이어서 "매우 안 좋은 소식을 담은 연구 결과"여서 안타깝다고 전했다. 연구팀은 북극곰의 이동 경로와 신체 온도 등을 파악하기 위해 26마리의 북극곰에 이동장치와 온도 측정기를 설치했다. 이들을 추적하기도 쉽지 않았다. 총 200명의 연구원과 헬리콥터까지 동원됐다. 이를 통해 기후 변화로 달라진 환경에서 북극곰의 생리적인 변화 과정과 이들이 어떻게 적응하고 있는지를 파악할 수 있었다.

연구 결과, 8~10월 사이 북극곰의 활동량은 사냥철인 3~7월보다 적다는 것이 확인됐다. 북극곰은 사냥철에 전체 시간의 25% 정도를 움직였다. 반면 8~10월 사이에는 12~22% 정도로 줄어들었다. 겨울잠을 잘 동안에는 전체 시간의 1~2% 정도만 활동한다. 이 결과는 북극곰이 여름철에 에너지를 최대한 줄이더라도 겨울잠을 자는 상황에는 미치지 못한다는 것을 말해 주고 있다. 전문가들은 이번 연구 결과를 통해 "북극곰을 보호하기 위해서는 장기간의 전략이 필요하다는 것을 보여주는 것"이라고 강조했다.

해빙의 변화가 요동치면서 기후변화의 아이콘인 '북극곰'의 생태계에도 큰 영향을 끼치고 있다. 크리스틴(Kristin Laidre) 워싱턴대학 극지과학센터 연구원은 "해빙은 북극곰에게 있어 필수"라고 말했다. 북극곰은 해빙에서 바다표범을 사냥하고 영양분을 보충하는 등의 행위를 하므로 해빙은 북극곰에게는 없어서는 안 될 플랫폼이라는 것이다. 때문에 '해빙'이란 생명의 '플랫폼'을 잃어가고 있는 북극곰의 미래는 암울하다.

워싱턴대학의 연구 결과 지난 10년 동안 봄에 해빙이 녹는 기간은 약 3~9일 정도 빨라진 것으로 나타났다. 여기에 가을에 해빙이 어는 시간은 3~9일 정도 늦어진 것으로 분석됐다. 빨리 녹고 늦게 얼고 있다는 것을 말해준다. 이는 북극곰에게 그만큼 해빙에서 움직일 수 있는 시간이 줄어들고 있음을 말해주는 데이터다.

워싱턴대학 연구팀은 이 같은 연구 결과를 내놓으면서 "이런 현상에 지속된다면 2050년쯤에는 북극곰이 6~7주 정도 북극에서 해빙이 없는 상황에 직면하게 될 것"이라고 경고했다. 해빙이란 '생명의 플랫폼'을 잃어가고 있는 북극곰. '새끼 없는 세상'에 직면하고 있는 북극곰. 이들의 생존 위협 앞에 과연 인류는 아무런 책임이 없다고 할 수 있을까.

기후변화에 맞서는 연구원들, 100만 년 전의 기후를 보다

　　고위도로 올라갈수록 북극해는 얼음 천국으로 변했다. 해빙이 만든 자연은 그 자체로 예술이었다. 과연 말로 설명하기 힘들다는 표현이 이런 것을 두고 하는 것일까 싶었다. 순백의 해빙에서는 차가운 아름다움이 느껴졌다. 아라온호에서 만질 수는 없고 눈으로만 보는 것인데도 그 감촉이 손에 와 닿는 듯했다. 아라온호가 질주하면서 하얀색이 푸른 바다에 빠지고 옥색이 솟아났다. 한 생명체가 새하얀 해빙 위를 걷고 지나간 발자국, 그 흔적이 고스란히 남아 있었다. 길 잃은 새일까. 아니면 또 어떤 생명체가 차가운 해빙 위를 지나갔을까. 때론 홀로 하얀 자신을 파도에 내맡겼다. 사람의 형상을 닮은 해빙도 눈에 들어왔다. 바다 깊이 드리워진 옥색은 아름답다 못해 눈에 시릴 정도였다.

　작은 산을 닮은 해빙이 흘러왔다. 홀로 외로웠던 것일까. 이어 세 개의 해빙이 나란히 정답게 다가왔다. 북극은 살아 있었다. 북극이 주는 자연의 선물을 잊어서는 안 된다. 지구의 심장, 북극이 지구 온난화로 몸살을 앓고 있다. 이 북극을 매년 찾으면서 연구를 이어가는 이들이 있다. 이들 연구원의 분석과 보고서는 북극의 현주소를 파악하는 데 큰 도움이 된다. 점점 고위도로 올라서면서, 이제 세상과 소통을 이었던 인터넷마저 연결이 끊겼다.

　한계선이 있다는 것은 불편하다. 북극에는 이른바 인터넷 한계선 (Internet Limited Line, ILL)이 있다. 어느 정도 지점에 이르면 더 이상 인터넷 사용이 불가능한 경계선이다. 고위도에 해당하는 북위 75도가 한계선이다. 아라온호는 인터넷 사용을 위해 정지위성을 이용한다. 정지위성은 적도 상공 약 3만 6,000㎞에서 지구 자전과 같은 주기로 공전하면서 지구를 관측하는 인공위성을 말한다. 정지위성은 지표면에서 바라보는 위치가 변하지 않기 때문에 방송과 통신용에 많이 이용된다.

정지위성은 태평양(Pacific Ocean Region, POR), 인도양(IOR), 대서양(AOR) 지역을 관할하면서 통신 등에 활용된다. 아라온호는 2015년 8월 25일, 알래스카 배로(Barrow) 추크치해에서 출항했다. 배로를 떠난 지 며칠 동안 인터넷은 속도만 느릴지언정 사용은 가능했다.

아라온호 전체에 와이파이가 구축돼 있어 선실에 있는 인원은 누구나 사용할 수 있었다. 물론 속도는 많이 떨어졌다. 256~512kbps 속도를 나타낸다고 했는데 실제 속도는 이보다 더욱 뒤처졌다. 인터넷 사용이 가능한 지역이라도 여러 번 중간에 끊기는 등 인터넷 사용에 있어 불편이 컸다. 작성한 기사를 송고하는 데도 어려움이 뒤따랐다.

그래도 인터넷 사용이 가능할 때 국내 포털이나 카카오톡 등을 이용하는 데는 큰 무리가 없었다. 그러나 북위 74도쯤에 이르자 인터넷은 거의 사용할 수 없었다. 이어 75도를 넘어서면 아예 인터넷 접속이 불가능했다. 김광헌 아라온호 선장은 "인터넷망은 인공위성을 사용하기 때문에 항해 중에는 불안정할 수밖에 없다."며 "북위

75도를 넘어서면 정지위성으로부터 신호를 받는 데 어려움이 많아 인터넷 사용이 불가능하다."고 설명했다. 아라온호에는 연구원은 물론 승조원들도 함께 타고 있다. 선장을 포함한 승조원들은 안전한 항해를 위해 배의 곳곳을 살피는 사람들이다. 김 선장은 2014년부터 아라온호를 운항하고 있다. 김 선장은 "지난 북극 탐험 1항차 때는 북위 81도 40분까지 올라갔다."며 "이번 2항차에는 북위 78도 정도까지 항해할 계획"이라고 설명했다.

김 선장은 아라온호를 운항하기 이전에 40만 톤급의 화물선을 운항했다. 아라온호는 약 7,700톤에 불과하다. 덩치는 작은데 기능은 최고다. 약 30년 가까이 배를 탄 김 선장은 "극지는 날씨가 극한이고 변화무쌍하기 때문에 항상 안전을 생각하지 않을 수 없다."며 "승조원 29명이 아라온호의 안전한 운항을 위해 최선을 다하고 있다."고 강조했다. 한편 연구원들에게 없어서는 안 될 인물이 한 명 또 있는데 바로 이재근 갑판장이다. 이 갑판장은 아라온호가 운항을 시작했던 2009년부터 함께 해 온 아라온호의 '산 증인'이다. 이 갑판장은 선미에 설치되는 연구 장비에 대한 위치 잡기와 안전을 책임지고 있다.

그에게는 오랫동안 아라온호와 함께하면서 기억에 남는 것이 많다. 모든 것이 기억에 남는다고 그는 말했다. 그리고 그중에서도

아라온호가 얼음을 깨며 고위도로 항해 중이다

2011년은 그에게는 잊을 수 없는 시간 중 하나다.

"2011년에 남극에서 러시아 어선을 구조한 적이 있다. 당시 러시아 어선이 얼음과 충돌해 구멍이 생겼는데 아라온호가 안전하게 구조해 인계한 바 있다. 극한의 환경에서 아라온호의 진가를 보여주고 러시아 선원들도 다치지 않고 모두 무사히 구조해서 큰 보람을 느꼈다."

당시 러시아 어선에는 많은 사람이 타고 있었다. 자칫 큰 인명 사고로 이어질 위험한 사고였다. 이때 아라온호가 이들을 무사히 구조해 전 세계적으로 관심을 모았다. 아라온호의 가장 큰 특징은 배 안에서 모든 연구 작업이 이뤄진다는 점이다. 이를 위해 선미에 다양한 연구 장비가 설치된다. 무거울 뿐 아니라 고가의 장비여서 안전이 매우 중요하다. 이 갑판장은 이런 연구 장비를 하나하나 점검하면서 안전하게 설치한다. 차가운 북극해의 바람과 싸우면서 그는 늘 그 자리에 서 있다. 이 갑판장은 "26년째 배를 타고 있는데 아라온호는 운항 초기부터 함께 해 왔기 때문에 고향 같은 곳"이라며 "연구원들이 편안하게 연구에 전념할 수 있도록 최선을 다하고 있다."고 말했다.

2015년 북극 2항차 연구 항해에서 우리나라 연구팀은 큰 성과를 거뒀다. 국내 연구팀이 북극해에서 80만 년 전의 흔적을 찾아

이재근 갑판장이 롱 코어 작업 등을 위한 사전 점검을 하고 있다

내는 데 성공한 것이다. 북극의 새로운 역사가 기록될 것으로 기대된다. 이번 탐사 결과는 북극의 동시베리아와 추크치해에 존재했을 것으로 여겨지는 빙하에 대한 객관적 데이터를 확보했다는 데 의미가 있다.

앞서 설명했듯이 아직도 기후변화를 두고 많은 학자 사이에서 논란이 있다. 그 논란의 중심에는 최근 기후변화 데이터가 짧은 시기에 한정된 것이 전부라는 지적이 있다. 46억 년 지구의 역사를 봤을 때 고작 몇백 년 동안의 기후변화 데이터는 그 신뢰성이 부족하다는 비판은 여기서 비롯된다. 지구는 그동안 간빙기와 빙하기를 반복해 왔다는 것이 학계의 정설이다. 지금은 간빙기에 해당한다. 그래서 언젠가는 지금의 간빙기가 끝나고 빙하기가 다시 찾아올 것으로 전망된다.

국내 연구팀은 이번 탐사에서 연구 지점 4곳 등에서 롱 코어(Long Core) 작업을 수행했다. 롱 코어 작업은 수심 110m의 대륙붕에서부터 2,250m 심해분지에 이르기까지 다양한 지점에서 이뤄진다. 한 번 작업에 들어가면 24시간 동안 쉬지 않고 작업이 진행된다. 연구 장비를 설치하는 데도 많은 시간이 소요된다. 몇십 명이 달라붙어 북극해의 칼바람, 격한 날씨와 힘겨운 싸움을 하면서 수행하는 작업이다. 고단한 작업의 연속이었다. 2011년부터 시작된 롱 코어 작업은 바다 깊숙이 내려가 지층의 퇴적물을 채취하는 작업이다. 그동안 해저 깊은 곳에서 퇴적물 6m 정도를 채취하는 게 전부였다. 그런데 이번 탐사에서 연구팀은 수심 약 2,250m의 지층에서 약 14m까지 퇴적물을 얻어 내는 데 성공했다. 더 깊은 곳의 퇴적물을 채취한다는 것은 그만큼 역사가 더 오래된 퇴적물을 채취했다는 것을 의미한다. 이것은 북극해에서 그동안 지구가 어떤 모습으로 있었는지를 가늠할 수 있는 데이터이자 산 증거에 해당한다.

이번에 채취한 퇴적물성을 잠정적으로 분석해 봤더니 약 80만 년 전의 북극 역사를 담고 있는 것으로 파악됐다. 그동안 접근이 어려웠던 북극의 깊은 속살을 통해 지구 역사를 알 수 있게 된 셈이다.

이번 탐사를 이끌었던 남승일 극지연구소 책임연구원은 무엇보다 롱 코어 작업의 결과물에 집중했다. 그 이유는 무엇일까.

"14m에 이르는 깊이의 퇴적물을 얻었다는 것은 큰 의미가 있다. 간빙기와 빙하기를 거쳐 온 북극의 역사를 더 깊이 이해할 수 있는 길을 연 것이다. 이는 동시베리아와 추크치해에 존재했을 것으로 추정되는 빙하의 흔적을 찾은 것을 의미한다. 어느 시기에 빙하기가 존재했는지 등을 추가로 분석한다면 과거 북극에 기후변화가 어떻게 진행됐는지를 알 수 있는 기초 데이터가 된다."

아라온호의 연구원들이 2,000m 이상 깊이의 바다에서 퇴적물을 채취하는 롱 코어 작업을 하고 있다

이번 성과는 융합 연구의 결실이라는 측면에서도 관심을 끌고 있다. 2차 아라온호 북극해 탐사에는 정부 출연 연구소인 한국지질자원연구원(약칭 지자연)이 함께 했다. 국가과학기술연구회는 극지연구소와 앞으로 융합 연구에 적극적으로 나서겠다고 밝힌 바 있다. 그 일환으로 지자연은 앞으로 3년 동안 극지연구소와 공동 연구를 진행할 계획이다. 이번 탐사에서는 강무희 지자연 연구원이 승선했는데 맡은 임무는 '스파커 멀티채널'이었다. 스파커 멀티채널은 음파를 통해 해저의 지층을 연구하는 분야다.

강 연구원은 "스파커 멀티채널을 통해 하부지층 구조를 밝혀 정확한 빙하기 시기 등을 파악할 수 있었다."며 "앞으로 지속적으로 극지연구소와 공동 연구를 통해 북극에 대한 이해의 폭을 넓힐 수 있을 것으로 기대한다."고 강조했다.

아라온호에서 기후변화와 맞서는 연구원들은 비단 우리나라 연구원뿐만은 아니었다. 아라온호에는 다른 나라 연구원들도 함께 승선해 자신의 연구를 수행했다. 북극해 연구는 나라마다 쇄빙선을 운항하는 날짜가 서로 다르다. 이렇다 보니 특정 나라의 쇄빙선이 항해할 때 다국적 연구원들이 승선해 연구하는 게 일반적인 북극 연구의 특징이다. 이번 북극 2차 탐사에는 국내연구팀을 비롯해 독일과 일본, 미국, 프랑스, 캐나다 연구팀도 함께 했다. 전문가들은 북극 연구는 한 나라의 노력만으로 이뤄질 수 있는 게 아니라는 데 의견을 같이한다.

강무희 연구원은 "우리나라는 아직 북극 연구에 대한 국제협력에서 많은 부분 부족한 게 현실"이라며 "캐나다, 노르웨이, 덴마크, 러시아 등과 앞으로 공동 연구 네트워크를 형성하는 등의 노력이 필요하다."고 말했다.

2016년부터 우리나라도 북극 공동연구에 더욱 적극적으로 나섰다. 태평양 북극 연구 국가들의 협의체인 '태평양북극그룹(Pacific Arctic Group, PAG)'이 그 대표적인 예다. PAG는 2004년 4월 북극 연구와 극지 인프라 협력강화, 정보공유를 위해 우리나라를 비롯해 중국, 미국, 러시아, 캐나다, 일본 등 6국의 연합을 통해 출범했다. 2016년부터 태평양 북극해 기후-생태계 관측 공동연구 프로그램(PACEO, Pacific Arctic Climate Ecosystem Observatory)이 시작됐다. 이 프로그램은 2021년까지 계속 진행될 계획이다. 프로그램은 북극해 연안국인 미국, 캐나다, 러시아와 비 연안국인 우리나라와 중국, 일본이 북극해 지역을 분담해 각국의 쇄빙연구선, 내빙선을 활용해 현장조사를 수행한 뒤 연구 결과를 공유하는 형식으로 진행된다.

이렇듯 국제협력을 통해 매년 같은 지점을 연구하고 이 데이터를

80만 년 동안의 북극 역사를 담고 있는 퇴적물. 층층이 색깔을 달리 한다

공유하는 것은 연구의 속도를 높이고 입체적 분석 작업까지 가능하다는 장점이 있다. 참여국은 북극해에서 통합 관측을 통해 획득된 모든 자료를 데이터베이스(DB)화한다. 이를 기반으로 웹 기반 북극해 정보 포탈 시스템을 구축한다. 그리고 이러한 결과물을 일반인, 국내외 전문가 등 다양한 이들에게 제공할 예정이다.

이번 탐사에 함께했던 프랑크 니쎈, 독일 알프레드 베게너 극지해양연구소 박사는 "추크치해와 동시베리아에 존재한 거대빙하의 연구는 앞으로 과학계의 큰 연구 이슈가 될 것"이라고 말했다. 니쎈 박사는 남승일 박사와 함께 2008년 독일 쇄빙선 폴라스턴과 2012년 아라온 공동탐사를 통해 동시베리아에 존재했던 거대 빙상의 흔적을 세계 최초로 찾아내 〈네이처 지오사이언스(Nature Geoscience)〉에 관련 논문을 발표한 바 있는 인물이다. 남승일 책임연구원은 "북극을 제대로 이해하기 위해서는 아직 가야 할 길이 멀다."며 "장기적 관점에서 지속적 연구만이 북극을 파악하는 기본이 될 것"이라고 강조했다.

국제협력시대를
열어야 한다

2015년 9월 9일.

이날은 내 생애에서 잊히지 않을 날이 될 것이다. 지구의 아름다움을 직접 느끼고 체험한 날이기 때문이다. 그것도 바다 한가운데 망망대해에서 지구에 살고 있고, 지구를 사랑할 수밖에 없는 기분을 느꼈다. 북극 하늘에 오로라(Aurora)가 펼쳐졌다. 지난 8월 25일 알래스카 배로(Barrow)에서 출항한 이후, 긴 항해와 탐사를 마치고 알래스카 놈(Nome)에 돌아온 아라온호를 반겨주는 것일까. 현지 시각으로 9월 9일 늦은 밤, 자연의 신비와 아름다움이 아라온호 선상 위의 하늘을 수놓았다.

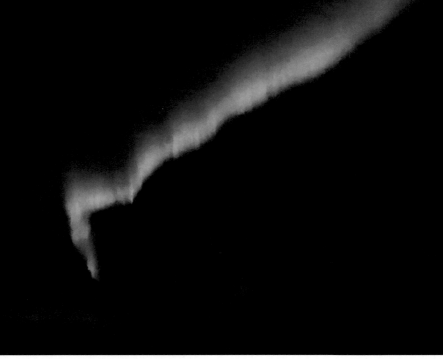

'빛의 축제' 오로라가 북극 하늘에 펼쳐졌다

아라온호는 9월 9일 알래스카 놈에 도착했다. 수많은 연구원과
승조원을 태운 아라온호는 다행히 아무런 사고 없이 네 곳의 연구
지점 등에서 모든 탐험을 끝내고 안전하게 놈에 입항했다. 아라온
호는 바다 한가운데 정박하고 뭍으로 이동할 때는 헬기를 이용한
다. 이날도 아라온호는 놈 시내가 보이는 바다 한가운데 정박해 긴
항해 이후 숨을 고르고 있었다. 9일 밤 11시쯤, 선실에서 쉬고 있

던 연구원들이 들을 수 있도록 갑자기 안내방송이 나오기 시작했다. "지금 하늘에 초록빛 오로라가 펼쳐지고 있으니 바깥으로 나오면 관측이 가능하다!"는 메시지였다. 승조원과 연구원들은 5층 선교로 모두 모였다. 모두 자신이 현재 위치한 곳에서부터 뛰다시피 했다. 오로라는 북극에서 볼 수 있는 '빛의 축제'다. 누구나, 언제나, 어디에서나 볼 수 있는 것이 아니다. 하늘이 열리고 태양과 지구의 대기가 만나야 볼 수 있는 '기회의 축복'이었다. 이 기회를 놓치면 평생 오로라를 볼 수 없을지도 모를 일이었다. 가슴이 뛰고 발길이 빨라질 수밖에 없는 이유다. 긴 항해와 연구를 끝낸 이후 펼쳐지는 오로라였기 때문에 더 큰 흥분을 불러일으켰다.

선실 문을 열고 나서자 온통 녹색 빛의 밤하늘이 눈에 들어왔다. 오로라는 굽이치기도 하고 한곳에 모이기도 하며 하늘 위에 온갖 형상을 만들고 있었다. 짙은 녹색이 긴 꼬리를 흔들며 나아가고 희뿌옇게 옅은 녹색 빛이 하늘을 덮고 있었다. 자연이 보여 주는 장관이었다. 이리저리 휘날리는 녹색 빛이 하늘을 가득 채웠다. 저 멀리 놈시내에서는 간간이 불빛이 흘러나오고 있었다. 낮은 파도 소리가 더해져 자연이 만든 아름다움으로, 일생에 단 한 번 볼 수 있는 '빛의 축제' 기회의 축복에 취하기에 충분했다. 몰려오는 피곤도 잊은 채, 많은 사람이 하늘에 고개를 고정했다. 오로라는 태양풍과 지구 자기장의 상호 작용으로 발생하는 자연 현상이다. 9월 말에 알래스카 등 북극에서 자주 발생한다. 북유럽 쪽에서도 관측이 가능하지만, 그래도 바다 한가운데서 펼쳐지는 오로라만 할까.

이렇듯 알래스카 놈에 입항하던 날, 아라온호에 승선하고 있는 이들에게 파란 하늘에 이어 오로라가 목격된 것은 '축하의 선물'로 다가왔다. 알래스카주에 위치한 놈은 인구 약 2,000명이 사는 작은 도시다. 북극의 오로라는 다른 말로 북극광이라고도 부른다. 아라온호에 승선해 연구를 진행했던 다국적 연구원들의 표정에도 경이로운 감탄을 느낄 수 있었다. 이날만큼은 자신이 속한 나라와 소속을 떠나 모두 '지구촌 연구원'이자 '지구촌의 한 인원'으로서 동질감을 공유할 수 있었다.

1항차와 2항차 등의 연구를 통해 2015년 북극 연구는 끝이 나고 있었다. 거친 파도와 얼어붙은 해빙을 뚫고 이어진 이번 연구는 북극 연구의 한 과정에 불과하다. 이 과정과 과정이 합쳐지고 북극 탐험이 계속된다면 새로운 이정표를 만들 수 있다. 북극 연구 성과는 짧은 기간에 나올 수 있는 게 아니라 장기적 전략이 필요하다.

앞서도 잠깐 언급했듯이, 우리나라의 북극 연구는 그 역사가 오래되지 않았다. 1969년부터 베링해 등에서 명태잡이 등을 위한 연구는 있었지만, 학문적 연구를 비롯한 북극 탐험은 1990년대 들어서야 본격화됐다. 1999년 7월 약 70일 동안 중국 쇄빙선 설룡호에 우리나라 연구팀이 승선했다. 북극해 탐사 국제공동연구에 우리나라로서는 최초로 강성호 박사가 북극 해양연구원으로 참여했다. 2000년 8월에는 강 박사를 비롯해 고(故) 정경호 박사 연구팀이 러시아 극지연구팀과 공동연구를 수행했다.

우리나라는 2002년 4월 국제북극과학위원회(ISAC) 회의에 정식 회원국으로 가입했다. 북극 다산과학기지가 만들어진 시기도 이때였다. 다산과학기지가 구축되면서 비로소 북극 연구에 우리나라가 적극적으로 나서는 계기가 마련됐다. 다산과학기지의 건설은 북극

아라온호 선상에서 오로라를 관측할 수 있었다

연구에 있어 하나의 전환점이었다. 우리나라는 다산과학기지를 통해 그동안 북극 대기 관측, 북극진동, 저온 적응 생물, 북극권 동토층의 환경변화, 북극 조류의 다양성 연구 등에 매진해 왔다. 북극 연구는 국제 협력이 가장 중요하다. 이 때문에 개별 국가 단위의 연구보다는 국가 간 협력 체제에 기반을 둔 다자간 국제공동연구 프로그램이 주를 이루고 있다.

다산과학기지가 위치한 니알슨에는 우리나라를 포함해 노르웨이, 영국, 독일, 프랑스, 네덜란드, 스웨덴, 일본, 이탈리아, 중국, 인도 등 10개국이 기지를 운영 중이다. 그동안 우리나라가 해 온 연구의 주요 성과로는 ▲가스하이드레이트 ▲북극해 특성과 대기 환경 ▲고대 해양과 기후변화 ▲극지 생태계 모니터링 ▲북극 해양생태계 연구 등이 있다.

이런 가운데 2015년 7월, 우리나라는 북극 연구에 있어 새로운 돌파구를 마련됐다. 우리나라와 미국이 북극 공동연구실을 구축한 것이다. 당시 미래창조과학부는 우리나라 극지연구소(KOPRI)와 미국 페어뱅크스 소재 알래스카대학교 국제 북극연구센터(UAF/IARC)와 공동으로 북극 공동연구실(KOPRI–UAF/IARC Cooperative Arctic Research Laboratory) 구축을 2015년 7월 29일 미국 알래스카놈(Nome)에서 개소했다고 발표했다.

2011년부터 미래창조과학부의 연구 과제였던 극지기초원천기술 개발사업(연구책임자 극지연구소 이방용)을 통해 지속적인 국제 공동 연구와 상호 교류를 바탕으로 미국 알래스카에 드디어 북극 공동 연구실 시대를 열게 된 것이다. 이로써 우리나라는 유럽(노르웨이 스발바르의 다산과학기지, 2002년 개소)뿐 아니라 북미권에서도 국제공 동연구를 수행할 수 있는 터전을 마련하게 됐다.

북극 공동연구실은 약 330㎡ 규모로 연구용 장비 테스트용 실험 실, 동토 생태 연구실 등 드라이랩(Dry lab)과 웻랩(Wet lab)으로 구 성된다. 이를 통해 알래스카 동토에서 획득한 현지 미생물, 식물, 토양 등의 시료 전 처리 작업과 각종 측정 자료 검증, 보관 등에 있 어 안전하고 효과적 연구 수행이 가능하다. 알래스카 놈(Nome)은 최근 미국이 알래스카대학교를 중심으로 대형 북극권 동토층 연 구 프로젝트를 시작하는 지역으로, 북극 공동연구실을 통해 미국 동토층 연구그룹과의 연구 협력 수행, 극지 과학 정보 교환 및 연 구 인력교류 등이 한결 수월해졌다. 앞으로 북극 공동연구실은 환 북극권 국가들과 교류협력 거점으로도 활용될 것으로 기대된다.

남극,
줄어드는
'차가운 사막'

남극으로 가는 길도 멀고도 먼 길이었다. 북극에 이어 지구의 또 다른 꼭짓점으로 향하는 일 역시 쉽지 않았다. 2016년 11월 5일 오후 2시, 나는 인천국제공항에 서 있었다. 다양한 목적지를 앞두고 비행기를 기다리는 사람들. 커다란 창문으로 이륙하는 비행기를 쳐다보는 사람들. 해외로 나가는 이를 배웅하는 사람들. 그중에는 앞으로 남극 장보고 과학기지에서 1년을 보낼 제4차 월동대원들도 있었다. 월동대원들이 하나, 둘 인천국제공항에 모여들기 시작했다. 월동대원들은 가족과 함께 아쉬운 작별을 고하고 이후 1년 동안 남극에서 생활해야 했다.

북극과 달리 남극을 취재하기 위해서는 더 많은 준비가 필요했다. 남극은 보호구역이기 때문에 사전에 외교부, 환경부 등 관련

부처에 허가를 받아야 한다. 남극에 왜 가는지, 남극에서 무엇을 할 것인지, 또 자연보호를 위해 어떤 노력을 할 것인지 등에 대해 자세하게 기술해야 한다. 여기에 남극 전용 피복과 장비 등도 필요했다. 남극 취재를 위해서는 관련 전문 장비를 구입해야 했다. 극지연구소에서 남극에서 활동하는 데 필요한 물품 목록을 보내 주었다. 국내의 한 스포츠 의류 업체에서만 제작하는 옷을 따로 구입해야 했다. 두꺼운 겉옷은 물론 내복, 장갑, 모자, 신발까지 남극의 극한 환경에서 견뎌낼 수 있는 피복들이었다.

헬기에서 내려다본 남극. 하얀색과 푸른색만이 존재한다

1년 동안 남극에서 시간을 보내는 월동대원들은 중간에 남극에서 나오지 못한다. 1년 동안 남극에서 연구 활동과 자신이 맡은 임무를 수행하면서 견뎌야 한다. 아무리 아름답고 황홀한 경치라 하더라도 한 달만 지나면 지루하기 마련이다. 이 모든 것을 인내해야 하는 대원들의 얼굴에는 긴장감이 묻어났다. 장기간 고립된 곳에서 생활하다 보면 심리적으로 위축되는 경우도 간혹 있다.

남극은 '차가운 사막(Cold Desert)'이라고 부른다. 남극의 빙하가 최근 특정 지역을 중심으로 빠르게 녹고 있다는 사실이 드러났다. NASA가 20년 동안 위성사진을 통해 추적한 결과, 서남극에 위치한 아문센해(Amundsen Sea)와 벨링스하우젠해(Bellingshausen Sea)의 빙하가 빠르게 녹고 있음이 밝혀졌다. 이 지역의 빙하가 급속도로 녹고 있는 배경은 무엇일까. 하호경 인하대 해양과학과 교수는 "해양학자들은 그 원인으로 환남극심층수를 지목한다."고 설명했다.

"환남극심층수는 남극 대륙 주변 바다의 수온약층 아래 수심 400~600m 부근에서 발견된다. 이 심층수는 북대서양에서 시작해 적도를 거쳐 남극까지 내려온다. 이 심층수의 온도는 해수의 어는점과 비교했을 때 섭씨 3~4도 정도 더 높다. 이 때문에 이 지역의 온도가 상승하고 빙하가 녹고 있다."[17]

남극을 연구하고 지속해서 살펴야 하는 이유 중 하나다. 우리나라는 현재 세종 과학기지와 장보고 과학기지를 운영하고 있다. 월동대원들은 극지의 남극으로 떠나기에 앞서 가족과 기념사진을 찍으며 이별을 아쉬워했다. 월동대원들은 11월 5일 오후 5시 15분, 뉴질랜드 오클랜드로 향하는 비행기에 몸을 실었다. 남극으로 출발하는 첫걸음은 이렇게 제4차 월동대원과 함께 시작했다.

월동대원들은 분야별로 역할이 나뉘어 있다. 임정한 극지연구소 대장을 중심으로 기상 부서는 기상청에서, 통신은 해병대, 조리는 프랑스 경제협력개발기구(OECD) 한국 대표부에서 일했던 인력이 담당하는 등 다양한 이들로 구성돼 있다. 이외에도 생명과학, 우주 과학, 지구 물리 등에서 연구를 수행할 전문 인력들이 함께 했다.

---

17) 하호경·김백민, 『(극지과학자가 들려주는) 기후변화 이야기』, 지식노마드, 2014.

2016년 11월 장보고 과학기지로 출발한 제4차 월동대원들. 이들은 1년 동안 장보고 과학기지에서 생활해야 한다

　인천공항을 출발한 비행기는 11월 6일 오전 8시 30분(현지 시각 기준)경 뉴질랜드 오클랜드에 도착했다. 오클랜드에서 다시 크라이스트처치로 향하는 비행기로 갈아타야 했다. 남쪽으로, 남쪽으로 끝없는 비행이 이어졌다. 그리고 마침내 6일 오후 12시 30분에 남극으로 가는 중간 지점인 크라이스트처치에 도착했다. 이곳에서 월동대원들은 이틀 동안 몸을 충전하면서 남극 비행을 준비했다. 크라이스트처치 공항에는 극지연구소 정현주 에이전트가 마중을

나와 있었다. 16년 전에 뉴질랜드에 이민을 온 정 에이전트는 남극으로 가는 우리 대원들의 일정을 점검하는 역할을 한다. 정 에이전트는 "2009년부터 극지연구소 일을 시작했다."며 "9월부터 이듬해 4월 말까지 장보고 과학기지로 향하는 우리 대원들의 건강과 안전 등 일정을 챙기는 일이 주요 임무"라고 말했다. 9월부터 11월까지는 비행기를 이용해 남극으로 들어간다. 11월 이후에는 우리나라 쇄빙선인 아라온호가 크라이스트처치 리틀턴 항을 통해 남극으로 항해하는 일정이었다.

크라이스트처치에서 남극으로 가는 비행기는 남아프리카공화국 소속 수송기를 이용한다. 남극으로 가는 연구원과 필요한 화물을 함께 운송한다. 우리나라를 비롯해 이탈리아, 프랑스, 독일 연구원 등이 이 비행기를 통해 남극으로 들어간다. 정 에이전트는 "뉴질랜드 크라이스트처치는 남위 45도에 있는데 남극 연구가 본격화되면서 크라이스트처치가 남극 중간 기착지로 각광받고 있다."며 "남극 연구가 크라이스트처치 경제에 끼치는 영향도 적지 않다."고 설명했다.

크라이스트처치는 인구 약 40만 명이 사는 도시다. 이곳에 거주하는 우리나라 교민들은 약 2,500명 정도 된다. 꼬박 15시간을 쉴 새 없이 달려왔는데 아직도 남극으로 가는 길은 멀기만 했다.

평균 고도 2,000m,
'최후의 보루' 남극

　우리나라는 남극 세종 과학기지와 장보고 과학기지를 구축하면서 남극 연구의 선두그룹에 속해 있다. 두 군데 모두 월동대원을 보낸다. 남위 62도에 위치한 세종 과학기지와 달리, 장보고 과학기지는 남위 74도에 있다. 훨씬 더 남쪽에 위치한 것이다. 그만큼 더욱 극한의 상황과 부딪혀야 하는 곳이다. 세종 과학기지보다 더 춥고 더 혹독하다.

연구원들이 뉴질랜드 크라이스트처치에서 남극으로 가는 수송기인 사페어에 탑승하고 있다

장보고 과학기지의 월동대원은 1년을 남극에서 보낸다. 매년 새로운 인원으로 교체된다. 장보고 과학기지의 1년은 '분주함'과 '외로움'의 교차점에 서 있다고 연구원들은 입을 모은다. 매년 10월 말부터 2월 중순까지는 매우 바쁘다. 이때 하계 연구팀이 장보고 과학기지로 들어오기 때문이다. 1년 중 가장 바쁜 날들이 이어진다. 또 장보고 과학기지 곁에 있는 독일 곤드와나 기지, 이탈리아 마리오 주켈리 기지에도 사람들이 들어온다. 이때는 우리 과학기지뿐 아니라 주변에 있는 다른 나라 기지에도 사람들로 붐빈다. 우리나라의 5일장처럼 사람들이 넘쳐나고 활기가 느껴지는 시기다. 이때는 사람이 살 만하다는 느낌이 들고 지낼만하다. 문제는 2월 중순부터 9월 말까지다. 이 시기가 오면 하계 연구팀도 떠나고 이탈리아와 독일 연구팀도 기지를 떠난다. 이때부터는 오로지 장보고 과학기지 월동대원들만이 남위 74도에서 지낸다. 여기에 5월부터 8월까지는 '극야'가 덮친다. 어둠만이 존재한다. 바깥에 나갈 수도 없다. 기온이 영하 30도를 오르내리고 강한 바람이 불기 때문이다. 이를 견뎌내는 것이 중요하다. 장보고 과학기지는 서울에서 약 1만 3,283km 떨어져 있다.

크라이스트처치에서 이틀을 보낸 뒤 11월 8일 새벽 5시. 마침내 남극으로 가는 날이 밝았다. 뉴질랜드 크라이스트처치 공항은 분

주했다. 장보고 과학기지 제4차 월동대원과 이탈리아 하계 연구팀이 남극행 수송기인 '사페어(Safair)'에 탑승하기 시작됐다. 탑승 절차는 따로 구축된 게이트를 이용했다. 수속을 마치고 활주로에 있는 수송기까지 걸어가는 동안 크라이스트처치의 마지막 바람이 온몸을 휘감았다. 육중한 수송기가 저 앞에서 우리를 기다리고 있었다. 두꺼운 극지용 옷으로 갈아입은 대원들의 얼굴에 긴장감이 묻어났다. 탑승이 마무리되고 남극행 수송기가 이륙하자 기내는 굉음으로 가득했다. 탑승 전 노란색 '귀마개'를 하나씩 나눠줬는데 그 이유를 알만했다. 소음이 매우 심해 곁에 있는 이들과 대화하기에도 불편했다. 비행기 안도 삭막했다. 비행기 천장에는 내부 전선들이 그대로 노출돼 있었다. 자리도 무척 좁았다. 앉아가는 게 아니라 끼어간다는 표현이 더 적절할 듯했다. 수송기가 이륙하고 1시간 정도가 지나자 대부분의 연구원은 눈을 감고 잠을 청했다. 소음이 심한 탓인지 헤드폰을 끼고 음악을 듣는 이들도 많았다. 수송기는 겉모습과 내부의 삭막한 분위기와 달리 부드럽게 비행했다. 흔들림은 거의 없었다. 잔잔한 바다 위를 항해하는 배처럼 고요했다. 6시간 30여 분 정도의 비행 끝에 오후 12시 30분 장보고 과학기지 근처, 이탈리아가 운영하는 바다 위 활주로에 비행기는 사뿐히 내려앉았다. 착륙하기 전 내려다보이는 남극은 온통 하얀색이었다. 남극은 하얀색과 푸른색만 보인다고 하더니 그 말이 틀리지 않았음을 느낄 수 있었다. 착륙장은 2m 50㎝ 정도의 두께로 얼어붙은 얼음 위였다. 수송기는 미끄러지듯 얼음 위에 가만히 내려앉았다.

현재 남극에는 상설과학기지 40개, 하계과학기지 42개가 존재한다. 전 세계 29개 국가가 기지를 보유하고 있다. 2014년 완공된 장보고 과학기지 8㎞ 근처에는 이탈리아, 독일 기지가 있다.

"남극에 오신 것을 환영합니다(Welcome to Antarctica!)"

비행기에서 내리자 빙하를 씻은 차디찬 바람이 이마에 얹혔다. 최명희의 소설 『혼불』에 나오는 부분이 연상되었다. 어떤 이가 산을 오르고 있는데 잠시 쉬었다 가기로 했다. 이때 한 줄기 바람이 불어왔다. 이 모습을 두고 최명희는 '강물을 씻은 바람이 이마에 얹혔다'고 묘사했다. 강물을 씻은 바람이니 얼마나 시원했을까. '빙하를 씻은 바람'은 시원함을 지나 매우 차가웠다. 착륙장뿐 아니라 주변 모든 풍경이 하얀 물감을 풀어놓은 듯 온통 하얀색이었다. 눈이 부셨다. 모두 선글라스와 고글 등을 착용했다. 2015년 11월부터 1년 동안 장보고 과학기지를 지켜온 제3차 월동대 한승우 대장이 마중을 나와 있었다. 그중에 특별한 이를 만날 수 있었다. 산악인 엄홍길 대장이었다. 영원한 산악대장(?)인 엄홍길 씨는 14일 동안 장보고 과학기지에 머물다 우리가 타고 온 비행기로 이날 크라이스트처치로 되돌아가는 길이었다. 한 대장은 "'차가운 사막'에 오신 것을 환영한다."는 말로 우리들을 반겼다. 장보고 과학기지는 건조하기로 유명해 '차가운 사막'이란 별칭으로 부른다. 수송기에서 내려 얼어붙은 얼음 위에 나섰을 때는 춥지 않았다. 영하 1.3도의 기온이었다. 하계 시즌에 돌입하면서 남극은 온도가 조금씩 오르고 있었다.

착륙장에서 장보고 과학기지까지 약 20분 정도는 설상차를 타고 이동했다. 설상차 안으로 바람이 들어오자 온도가 낮아졌다. 장보고 과학기지는 남극 내륙으로 가는 길을 개척하기 위한 교두보 역할을 한다. '극야(약 90일)'와 '백야(약 100일)'가 교차하는 곳이다.

남극 착륙장에서 엄홍길 대장을 만났다

우리나라는 남극 대륙 중심부로 진출하기 위해 동남극 북빅토리아랜드(Northen Victoria Land) 테라노바만(Terra Nova Bay) 연안에 남극 장보고 과학기지를 준공했다. 이런 위치로 장보고 과학기지는 남극 중심부와 해안으로의 접근성이 쉽다. 기후변화 연구는 물론 지형·지질

장보고 과학기지는 서울에서 1만 3,283㎞ 떨어져 있다

조사, 고층대기, 우주과학연구 등 다양한 자료 확보와 특성화된 연구 수행이 가능한 첨단연구시설이다. 장보고 과학기지는 총 4층으로 설계됐다. 총면적은 4,458㎡다. 하늘에서 보면 중앙에서 팔이 세 방향으로 뻗어 나간 모습이다. 바람을 견디고 화재에 신속히 대피할 수 있는 구조다. 1층은 안전 장구 보관실이다. 2층은 숙소동과 연구동, 식당, 체력 단련실, 다목적실, 병원 등이 있다. 3층은 기지 대장실이 있고 장보고 과학기지의 통신과 관제실은 4층 맨 꼭

대기에 위치한다.

4층 관제실에 오르면 360도, 사방팔방으로 시야가 확보돼 전망이 시원하다. 장보고 과학기지의 연구동에는 ▲생명·해양 ▲대기·우주과학 ▲지구 물리 ▲지질·운석 등 장르별로 연구하는 연구실이 배치돼 있다. 장보고 과학기지에서 차량으로 이동할 때는 '안전띠'를 매지 않는다. 빠른 속도로 움직이지 않을뿐더러 빙하 지역 등을 이동할 때 위기 상황이 발생하면 신속하게 회피하기 위해서다. 또 작업을 나갈 때 중간에 자동차 시동은 잘 끄지 않는다. 추운 날씨 때문에 시동이 걸리지 않을 가능성이 있기 때문이다.

4층에 위치한 '통제와 관제실'은 24시간 바쁘다. 모든 보고가 이곳으로 집중되기 때문이다. 아침 식사가 끝나고 대원들이 작업과 연구를 위해 나가고 들어올 때 반드시 이곳에 보고해야 한다. 목적지가 어디이며 몇 명이 나가는지를 알린다. 작업을 끝내고 돌아올 때도 복귀 신고를 한다. 장보고 과학기지에는 간단한 채소를 키우는 공간이 있다. 추운 날씨 때문에 바깥에서는 재배할 수 없다. 월동대원들은 이곳을 통해 고립됐을 때 신선한 채소를 공급받는다.

2015년 장보고 과학기지에서 관측된 최저 기온은 영하 34.9도였다. 2015년 8월 24일 기록된 온도다. 바람이 가장 센 날은 2015년

8월 30일의 기록으로 초속 40.1m에 이르렀다. 8월에 극한 기온이 찾아오는 시간임을 알 수 있다.

세상은 빠르게 흘러가고 있다. 모든 것이 어떤 때는 쏜살같다. 내가 무슨 일을 하고 있는지도 모를 정도로 정신없는 날이 많다. 한참을 지나 뒤돌아보면 어떤 일들이 있었는지조차 깨닫지 못한다. 남극의 시계는 조금 다르다. 지나가는 물리적 시간은 같은데 가끔 '느림의 미학'을 느낄 수 있는 곳이 남극이다. 남극에서 '땀을 흘리는' 것은 조심해야 한다는 말이 있다. 땀을 흘리게 되면 영하 30도에서 땀이 급속히 식어 저체온증을 불러올 수 있기 때문이다. 천천히, 느리게 걸어야 하는 곳이 남극이다. 쫓기는 경쟁 사회를 벗어나 느긋하게 걸어야 하는 곳. 인류 최후의 보루, 남극이 던져주는 메시지다.

남극은 흰색과 파란색만이 공존하는 곳이다. 눈을 지평선으로 향하면 모든 것이 하얗다. 그리고 눈을 들어 하늘을 보면 깨끗한 파란색만이 가득하다. 순간 최대 풍속 초속 59m. 평균 기온 영하 15도. 최저기온 영하 35도. 남극을 말해주는 수치들이다. 남극은 북극과 여러 면에서 닮았으면서도 다르다. 공통점은 둘 다 극지이며 기후변화의 핵심을 담고 있다는 부분이 대표적이다. 북극에는 '북극곰'이, 남극에는 '펭귄'이 대표적 상징 동물이라는 점은 차이점이다.

북극은 땅이 없다. 이 때문에 북극은 대개 '북극해'로 부른다. 반면에 남극은 대륙이다. 땅이 있다. 남극은 전체 면적의 98%가 두꺼운 눈과 얼음으로 덮여 있다. 남극 대륙의 면적은 약 1,400만㎢에 이른다. 아시아, 아프리카, 북아메리카, 남아메리카에 이어 다섯 번째로 큰 대륙이다. 한반도의 약 60배에 달하는 크기다.

남극 대륙의 평균 고도는 약 2,300m 정도다. 남극에서 가장 높은 곳은 빈슨 산괴(Vinson Massif)로, 높이가 약 5,000m다. 남극은 동남극과 서남극으로 나눈다. 동남극의 빙상이 서남극보다 더 두꺼운데 그 두께가 무려 3㎞ 이상 되는 곳도 있다.

내가 타고 왔던 수송기로 남극을 떠난 엄홍길 대장. 그가 산이 아닌 남극을 찾은 이유는 무엇일까. 히말라야 등반 등 극지 산악 전문가인 엄 대장이 남극까지 온 이유가 궁금했다. 착륙장에서 잠깐 인터뷰를 할 수 있었다. 그가 경험했던 극한 상황에서의 경험을 남극 대원들에게 알려주고 싶다는 것이 인터뷰의 이유였다.

엄 대장은 "극한 지역에서 등반을 많이 하다 보니 (남극 장보고 과학기지를) 직접 찾아 어디가 위험한지 조언해 줬으면 좋겠다는 제안을 받았다."며 "산악이든 남극이든 극지 환경은 자칫 잘못하면 생명을 잃을 수 있는 곳이다. 이런 위험을 회피할 방법을 같이 이야기하고 싶었다."고 말했다.

2016년 10월 25일 장보고 과학기지에 들어온 엄 대장은 약 14일 동안 장보고 과학기지에 머물면서 여러 곳을 대원들과 함께 직접 살폈다. 그는 말보다는 실천이 우선이었다. 대원들과 하나하나 현장을 직접 경험했다. 장보고 과학기지 근처에 있는 멜버른 화산과 리트만 산에서 화산암을 채취하는 작업도 같이 했다. 엘리펀트 모레인에서 운석 탐사를 하고 난센 빙붕에 지진계를 설치한 곳 등을 두루두루 다니면서 위험 요소는 없는지 살펴봤다. 장보고 과학기지 뒤쪽에 있는 브라우닝 산도 대원들과 함께 등반했다. 엄 대장의 눈에 비친 남극은 어떤 모습일까.

"남극의 빙하가 상당히 많이 녹고 있고 크레바스가 생기는 것으로 미루어 볼 때 온난화가 빠르게 진행되고 있는 것 같다. 9년 전인 2007년 12월에 남극 대륙 최고봉 빈슨 산괴를 올랐는데, 그때와 비교하면 여름이 일찍 시작된다는 느낌을 받았다."

그는 기후변화의 흐름이 남극에도 그대로 반영되고 있다는 것을 알 수 있다고 말했다. 그리고 이 같은 환경 변화는 연구원들에게 위험 요인이 더 많아지는 원인이 된다고 설명했다.

엄 대장은 이번 방문을 계기로 '남극 홍보대사'에 위촉되었다. 그는 "정부 조사단과 이번에 같이 남극에 들어왔는데 이분들과 얘기를 하다 보니 남극 홍보대사 역할을 맡아 달라는 요청을 받아 그렇게 됐다."며 "극지탐험을 한 사람들은 얼굴만 봐도 서로 무슨 말을 하는지 알 만큼 친밀감이 느껴진다."고 말했다.

엄 대장은 우리나라 산악인으로서는 독보적인 존재다. 그는 히말라야 16개 봉을 모두 등정했다. 등정하는 동안 수많은 위험을 무릅쓰고 이를 극복했다. 그의 삶과 고(故) 박무택 산악인의 안타까운 죽음을 다룬 〈히말라야〉라는 영화는 많은 이에게 큰 울림을 주었다. 이제 그는 더 이상 8,000m 높이의 높은 산을 오르지 않는다. 대신 사람들과 함께 세상을 오르는 방법을 실천하고 있다. 그는 2008년 '엄홍길 휴먼재단'을 설립했다.

엄 대장은 11월 8일 남극을 떠나기에 앞서 인터뷰를 하면서 "현장에 와서 보니 남극 연구팀들이 악조건 상황에서 늘 열심히 하는 것을 볼 수 있었다."며 "남극이 따뜻해지면서 위험은 늘 존재하니 첫째도 안전, 둘째도 안전, 모든 것은 안전이 우선"이라고 다시 한 번 안전의 중요성을 강조했다.

엄 대장도 지적했듯이 북극뿐 아니라 남극에서도 지구 온난화는 진행되고 있다. 지구상의 모든 곳은 기후변화에서 자유롭지 못하다. 지구 전체가 하나의 긴 고리로 연결돼 있기 때문이다. 그중에서도 가장 눈여겨볼 곳은 남극순환류다. 남극순환류는 시계방향으로 흐르는 고리 모양을 보인다. 약 2만㎞를 돌면서 남극 대륙을 감싸고 있다. 하 교수는 "남극순환류는 지구상에 존재하는 해류 중 유일하게 지구를 일주한다."며 "이 때문에 남극순환류는 전 지구적 기후변화의 지시자이자 반응자가 된다."고 강조했다.

남극은 북극과 달리 주인이 없다. 국경도 없고 국가도 없다. 1959년 12개국에 의해 협정된 남극 조약에 따라 남극은 평화적 목적으로만 이용할 수 있다. 내 것이 중요하고, 내 것을 만들려고 애쓰는 경쟁 사회에서 남극은 인류에게 남겨진 '공동체의 선물'인 셈이다.

빙저호,
심부빙하를 만나다

남극이 인류에게 남겨진 '마지막 선물'이라는 것은 다른 의미가
아니다. 인류의 손길이 미치지 않고, 개발되지 않은 지구의 역사를
그대로 간직하고 있기 때문이다. 아직 파악되지 않은 남극의 속살
을 하나씩 연구하다 보면 46억 년 지구의 역사가 어떻게 펼쳐졌는

장보고 과학기지 근처에 있는 빙설. 남극의 빙저호와 심부빙하를 연구하면 그동안의 기후변
화를 엿볼 수 있다

지를 가늠할 수 있다. 이 때문에 남극을 '국경 없는 곳'으로 정하고 전 세계적으로 관련 연구원들이 공동 전선을 마련해 연구에 매진하는 것이다. 지구상에 유일하게 남아있는 '원초적 땅'이자 인류 공동체를 강화시켜 줄 수 있는 곳이 바로 남극이다.

이 중에서도 남극 연구의 초점은 단연 빙저호와 심부빙하에 있다. 빙저호는 남극에서만 볼 수 있는 독특한 구조다. 빙저호(氷底湖)는 겉으로는 보이지 않는다. 숨어 있다. 기온이 낮은 대륙에만 나타나는 지형이다. 빙저호는 호수 위에 빙하가 뒤덮고 있는 것을 의미한다. 수억 년 동안 호수 위에 빙하가 쌓이고 쌓여 수천 미터 아래 호수가 있는 것이 빙저호다. 남극에서는 그동안 400여 개의 빙저호가 발견됐다.

빙저호와 함께 연구원들의 손길을 기다리는 것이 심부빙하다. 심부빙하는 3,000m 깊이 아래에 존재하는 빙하를 말한다. 이 빙하는 그동안 지구의 기후변화와 남극의 생태계 등을 고스란히 담고 있을 것으로 기대된다.

우리나라 연구원들 역시 이 같은 빙저호와 심부빙하 연구에 본격적으로 나선다. 뒤에 자세히 살펴볼 예정이지만 이 프로젝트는 남극 내륙기지로 진출하는 '코리안 루트(K-루트)'와 밀접한 관련이 있다. K-루트는 남극 내륙으로 진출하는 거대한 프로젝트다. 우리나라를 비롯해 전 세계 남극 과학기지의 위치는 대부분 해안에 집중돼 있다. 물자수송이 쉽기 때문이다. 사실 극한 기온의 남극 내륙에 기지를 확보하는 일은 매우 어려운 작업이다. K-루트가 예정대로 추진되면 우리나라는 이르면 2022년에 남극 내륙에 기지를 확보할 것으로 기대된다. 미국과 러시아·프랑스·이탈리아에 이어 내륙기지를 확보함으로써 남극 탐험의 새로운 전환점이 마련될 것으로 전망된다.

빙저호와 심부빙하 연구는 우리나라에서만 독자적으로 추진되는 것은 아니다. 우리나라가 중심이 되어 다른 나라와 국제 협력을 통해 이뤄진다. 우리나라는 이미 영국과 빙저호 시추에 대한 협력 시스템을 구축했다. 덴마크는 심부빙하 시추 분야에서 우리나라와 손을 잡았다. 미국은 빙저호 미생물을 연구하는 분야에서 협력한다. 빙저호는 남극 탐험에 있어 반드시 거쳐야 할 관문이다. 빙저호를 통해 남극 미생물을 연구할 데이터를 확보할 수 있다. 약 3,000m 아래에 있는 심부빙하를 채취하는 것도 중요하다. 심부빙하는 남극의 역사를 그대로 간직하고 있는 산중인이기 때문이다. 심부빙하는 최소한 남극의 100만 년 전 역사를 알아볼 수 있는 기반이 된다.

여러 차례 강조한 바 있지만, 기후변화를 두고 일부 전문가들은 기후변화 데이터의 시간적 한계를 지적하는 경우가 많다. 이 때문에 100만~1000만 년 전, 혹은 그 이전까지 기후변화를 알 수 있는 데이터의 확보는 매우 중요하다. 그 중심에 남극의 심부빙하가 놓여 있다.

韓, K-루트를 통해
기후변화를 보다

　　장보고 과학기지에서 직선거리로 1,700㎞에 이르는 남극점까지 'K-루트' 개척 사업이 추진된다. 극지연구소는 'K-루트' 프로젝트를 주요 사업 중 하나로 선정해 연구 작업에 뛰어들었다. 2020년까지 4년 동안 약 260억 원 규모가 투입되는 대규모 사업이다. K-루트 사업단은 2015년 장보고 과학기지에서부터 약 200㎞ 정도까지 거리에 대한 1차 답사를 끝냈다. 2016년에는 360㎞까지 진출했다. 남극 내륙기지 건설을 위한 첫 베이스캠프인 '캠프1'은 370㎞ 지점에 세워진다. 장보고 과학기지로부터 370㎞까지의 경로가 가장 위험하다. 남극은 해안가에서 내륙으로 진입할수록 점점 고도가 높아진다. 어느 정도 지점에 이르면 끝없는 설원이 펼쳐진다. 이 지점까지 이르는 길이 매우 위험하다. 곳곳에 크레바스(갈라진 틈)가 존재하기 때문이다. K-루트 사업단은 캠프1에서부터 K-루트까지의 나머지 구간인 약 1,100㎞ 거리를 나아가 2022년쯤에 남극 내륙기지를 건설할 계획이다. 남극 내륙기지를 보유한 나라는 미국(1957년),

러시아(1958년), 프랑스와 이탈리아(1996년) 등 네 나라뿐이다. 일본과 중국도 내륙기지를 가지고 있는데 상주가 아닌 임시기지에 불과하다. 우리나라가 내륙에 기지를 건설하면 남극 진출 국가 중에서도 내륙에 기지를 보유한 몇 안 되는 나라에 포함된다.

이 프로젝트는 이종익 K-루트 사업단장(극지연구소)이 총책임을 맡았다. K-루트 개척 사업에 대한 이 단장의 설명을 들어보자.

"이번 사업은 남극 내륙 진출 루트를 개척하고 심부빙하와 빙저호 시추는 물론 활용기술 개발을 목표로 하고 있다. K-루트는 2020년까지 남극 내륙에 우리나라 빙하시추기지 후보지까지 진출하고, 이후 2021년까지 남극점에 도달하는 것을 목표로 삼았다. 현재 남극에 있는 각국의 기지들은 해안에 집중돼 있다. K-루트 개척 사업은 남극점에 태극기를 꽂는다는 의미도 있다. 그리고 이보다 더 중요한 것은 빙저호와 심부빙하를 통해 남극을 더 잘 알 수 있는 길을 연다는 것이며 이에 큰 보람을 느낀다."

2016년 11월 9일 오전 10시, 나는 장보고 과학기지에서 벗어나 설원으로 나섰다. 장보고 과학기지 근처에 있는 브라우닝 산을 넘어 도착한 곳은 그야말로 눈으로만 이뤄진 세상이었다. 끝없이 이어지는 눈길이었다. 설원의 끝은 보이지 않았다. 당시 아침 기온은 영하 1.3도 정도로 그렇게 추운 날씨는 아니었다. 그래도 설원에 나서자 바람이 강하게 불어왔다. 체감온도는 영하 20도 정도로 느껴졌다. 두꺼운 옷을 입었음에도 한기가 피부 깊숙이 침투했다.

설원이 어디까지인지 가늠조차 되지 않았다. 장보고 과학기지 연구팀은 당시 직선거리로 1,700㎞ 떨어진 남극점까지 내륙을 통과하는 K-루트를 답사하고 있었다.

이날은 설상차가 앞서고 뒤에서는 '스키두'를 탄 연구원들이 답사에 나섰다. 스키두는 앞에는 스키를 달았고 뒤에는 궤도를 구비한 특수한 장비를 말한다. 이 장비를 사용하면 얼음 위에서나 눈길에서 앞으로 나아가는 데 문제가 없다. 꽉 막힌 곳을 뚫으면서 대원

장보고 과학기지 연구원과 함께 설상차를 앞세우고 그 뒤를 이어 스키두를 타고 '코리안 루트(K-루트)' 사전 답사에 나섰다

들은 'K-루트'의 기초를 하나씩 닦아 나갔다. 땅에서는 하얀 눈이, 하늘은 새파란 색감으로 물들었다. 이날 대원들은 장보고 과학기지에서 약 7㎞ 정도까지 진출한 뒤 되돌아왔다.

남극 내륙 진출 루트를 확보하는 것은 극지 연구에서 중요한 잣대가 된다. 내륙기지를 통해 심부빙하를 채취할 수 있기 때문이다. 앞서도 설명했듯이 심부빙하를 통해 최소 100만 년 전의 기후를 연구할 수 있다. 또 2,000~3,000m 빙하 밑에 있는 빙저호에 대한 접근이 가능하다. 빙저호 호수의 물을 끌어 올린다면 그 속에 있는 미생물에 관한 연구 등 여러 기초과학 연구를 수행할 수 있는 기회가 생긴다.

K-루트를 개척하는 것은 쉬운 일이 아니다. 장보고 과학기지에서 먼저 산을 넘어야 한다. 이것으로 끝이 아니다. 장보고 과학기지에서 100㎞ 거리까지는 매우 경사가 가파른 언덕과 마주친다. 이 경사로를 올라가야 하는데 현재 기술로는 버거운 측면이 많다. 100㎞를 넘어서면 그 다음부터는 끝없는 설원이 펼쳐진다. 여기서부터는 앞의 경로보다는 상대적으로 내륙으로 진출하기가 쉽다.

이종익 단장은 "K-루트는 고원의 능선을 따라 이동하게 될 것"이라며 "이는 빙저호와 심부빙하를 연구할 수 있는 토대를 마련한다는 측면에서도 매우 의미 있는 일"이라고 설명했다. 물론 K-루트는 극지연구소가 단독으로 추진할 수 있는 사업은 아니다. 다른 정부 출연 연구소와 기업체의 협력이 중요하다. K-루트 개발에는 한국철도기술연구원(약칭 철도연) 등 정부 출연 연구소, 코오롱스포츠와 현대자동차 등 기업체가 함께 협력하고 있다. 철도연에서는 고단열 컨테이너와 모듈형 교량 제작 등의 임무를 맡았다. 현대자동차는 남극점까지 가는 지프형 트럭 개발에 나선다.

K-루트 개발을 위해서 설상차 10대, 화물 썰매 10대, 연료 보급 썰매 10대, 캐러밴 2대 등 대규모 장비가 총 망라되었다. 이 단장과 연구팀은 2017년도에 위성과 경비행기를 이용해 항공 아이스 레이더(Ice Radar) 탐사를 진행했다.

이 박사는 "미국, 영국, 프랑스, 독일, 일본, 중국 등이 남극 연구에 있어 앞서나가는 나라들"이라며 "우리나라가 남극의 내륙으로 진출하면 이들 나라와 우리나라를 포함해 폴라(Polar) G7에 이름을 올릴 수 있다."고 말했다.

이 단장은 "남극을 차가운 사막이라고 부르는데 K-루트 프로젝트는 단순히 장보고 과학기지에서 출발해 1,700㎞ 떨어진 남극점에 태극기를 꽂는 것만이 목적은 아니다."라며 "심부빙하와 빙저호를 통한 극지공학과 우주과학의 기초 연구를 수행할 수 있다."고 강조했다.

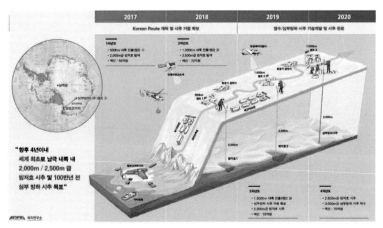

코리안 루트는 장보고 과학기지에서 남극 내륙으로 진출하는 대형 프로젝트다

하늘에서 본 기후변화의 심장, 남극

2016년 11월 10일 오후 3시, 장보고 과학기지 근처에 도사리고 있는 크레바스(Crevasse, 갈라진 틈) 지역 탐험에 나섰다. 권용장 철도연 물류시스템연구실장, 박재현 물류시스템연구실 선임연구원과 함께 관찰했다.

국내에서 장보고 과학기지를 갈 수 있는 길은 두 가지다. 비행기와 배를 타고 가는 방법이 그 두 가지다. 10월 말~11월 말까지 장보고 과학기지 근처의 바다 위에는 비행기(이탈리아 활주로)가 내릴 수 있다. 약 2m 50㎝ 두께 정도로 바다가 얼어붙기 때문이다. 11월 중순에 접어들면 얼음이 조금씩 녹기 시작한다. 곳곳에 크레바스가 생긴다. 2016년 11월 당시에도

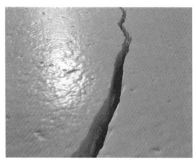

장비와 물자를 이동할 때는 갈라진 틈인 크레바스가 가장 위험하다. 남극 수송기 착륙장 근처에 생긴 크레바스

얼음이 녹는 시기인 탓에 크레바스 지역이 많았다. 임시방편으로 철판을 얹어 설상차 등 차량이 이동할 수 있도록 했다. 크레바스 중에서도 폭이 넓은 곳은 약 8m에 이르렀다. 위험해 보였다. 철도연 연구팀이 2016년 11월 장보고 과학기지를 찾은 이유 중의 하나가 이 때문이다. 크레바스 지역을 안전하게 이동할 수 있는 시스템을 고민하기 위해서였다.

매우 큰 크레바스는 물자와 인력이 이동하는 데 큰 위험 요소다. 무거운 장비 등이 이동할 때 자칫 위험한 상황에 부닥칠 수 있기 때문이다. 실제 크레바스 지역에 발을 넣어봤더니 아무런 저항 없이 쑥 빠져들었다. 막대기를 크레바스 지역에 넣어봤더니 곧바로 밑에 있는 바닷물에 닿았다. 크레바스 지역을 건널 때는 매우 조심해야 한다. 권용장 실장은 "조립식 모듈을 설치하면 이 같은 크레바스 지역을 건너는 데 있어 문제는 없다."며 "필요할 때마다 조립식 모듈을 설치하고 그렇지 않을 때는 보관하면서 오랫동안 이용할 수 있다."고 설명했다. 또한, 이번 장보고 과학기지 기초연구를 통해 앞으로 장보고 과학기지에서 크레바스를 극복할 수 있는 시스템을 만들 것이라고 말했다.

곳곳의 크레바스 지역을 관찰하는 길에 웨델물범(해표)을 만났다. 얼음 위에서 나른한 오후를 즐기고 있었다. 대여섯 마리가 따뜻한 햇볕을 받으며 긴 하품을 토해 냈다. 물범은 우리가 다가가도 꼼짝하지 않았다. 동행한 김홍귀 극지연구소 직원은 "물범이 크레바스가 있는 지역으로 올라와 얼음 위에서 쉴 때가 많다."며 "우리가 다가가도 별 움직임이 없다."고 설명했다. 크레바스가 연구원들에게는 위험한 곳이지만, 물범에게는 기어 올라와 얼음 위에서 쉴 수 있는 통로였다. 뭔가 큰 동작으로 우리를 위협한다든가, 도망갈 준비를 하는 모습 등을 기대했는데 예상 밖이었다. 덩치가 매우 큰 물범에게 보잘것없는 인간의 접근은 큰 의미가 없는 것처럼 느껴졌다. '올 테면 와라'는 식의 무관심. 한가로운 오후를 즐기는 데 낯선 인간의 방문이 매우 귀찮다는 표정이 역력했다.

웨델물범(해표)이 한가로운 오후를 보내고 있다

물범을 뒤로하고 장보고 과학기지에서 약 8㎞ 떨어진 이탈리아 기지(마리오 주켈리)를 방문했다. 마리오 주켈리 기지는 컨테이너를 이용해 만들었다. 1986년 완공됐다. 이곳은 10월 말~2월 초까지만 운영한다. 2월이 지나면 모든 연구원이 철수하고, 이후 10월에 다시 들어온다. 우리 연구팀이 비행기를 통해 내리는 곳도 이탈리아 활주로다. 이탈리아 연구팀의 한 사람이 우리를 보더니 반갑게 맞으면서 "안으로 들어와 커피 한잔하고 가라."고 권했다. 기지 안으로 함께 들어가 식당에서 아이스크림과 커피를 마셨다. 중간중간에 이탈리아 연구팀들이 식당 안으로 들어왔고 그때마다 "Hello!"라며 서로 반갑게 인사를 나눴다. 남극에서는 어떠한 국가를 떠나 모두가 공동체라는 생각이 강하다. 힘들고 지칠 때 서로 보듬어주는 곳이 남극이다. 다른 기지에 문제가 생겼을 때 즉각 도움을 요청할 수 있는 시스템도 마련돼 있다. 정기적으로 다른 기지 연구원을 초대해 함께 파티를 열기도 한다.

남극은 46억 년의 역사를 간직하고 있는 곳이다. 이곳에는 곳곳에 운석이 존재한다. 운석이 많은 곳 중 하나가 장보고 과학기지에서 약 200㎞ 떨어진 거리에 있는 엘리펀트 모레인이다. 2016년 10월 말에 장보고 과학기지에 들어와 운석 연구를 하고 있는 최변각 서울대학교 지구과학교육학과 교수는 "지금까지 세 번 정도 엘리펀트 모레인 지역을 탐사했는데 올해는 240개의 운석을 수집했다."
고 말했다. 운석의 크기는 천차만별이다. 작은 것은 10g에서 큰 것
은 1.8kg에 달했다. 운석이 있는 곳으로 가는 과정은 참으로 어려
웠다. 2016년 11월 12일 오전 10시. 최 교수 등을 비롯해 12명의
연구팀은 헬리콥터 3대에 나눠 타고 장보고 과학기지에서 엘리펀
트 모레인 지역으로 출발했다. 헬리콥터로 2시간 정도 날아야 하
는 거리였다. 거리가 멀어 '모리스 베이슨'이라는 곳에서 중간 급유
까지 받는다. 장보고 과학기지에서 이륙한 헬리콥터는 약 30분 동
안 부드럽게 날았다. 높은 산을 넘을 때는 바람이 강하게 부는 탓
에 좌우로 흔들리고 아래위로 요동쳤다. 저 멀리 앞에서 낮은 구름
이 짙게 깔려 다가오고 있었다. 뭔가 심상치 않은 분위기가 감돌
았다. 뉴질랜드 헬기 조종사는 "낮은 구름 때문에 비행이 불가하
다."며 "기지로 돌아가야 한다."고 헬기 안에 타고 있던 이들에게 설
명했다. 헬기는 방향을 180도로 바꿔 기지로 향할 수밖에 없었다.
헬리콥터는 시계 비행을 하기 때문에 구름이 낮게 깔리면 비행이
불가능하다. 연구팀은 아쉬움을 뒤로하고 철수할 수밖에 없었다.
최 교수는 "구름, 바람, 온도 등 모든 것이 남극에서는 실시간으로
바뀐다."며 "장보고 과학기지에서 날씨가 좋아 헬기가 이륙해도 중
간에 상황이 수시로 변한다."고 설명했다.

최 교수는 "운석을 수집하고 현미경 분석 등을 통해 운석의 성질을 규명한다."며 "이를 세계 운석학회에 보고하면 전 세계 모든 연구자가 연구 기초자료로 이용할 수 있다."고 설명했다. 남극에서의 운석은 한 국가의 소유 개념보다는 누구나 연구 자료로 이용할 수 있는 '공동 자산'이다. 엘리펀트 모레인 지역에 운석이 많은 이유가 있다. 최 교수는 특히 이곳에 주목한다.

"남극은 매우 오랫동안 얼어붙고 눈이 쌓이고 쌓인 곳이다. 당연히 운석도 그 안에 파묻히게 마련이다. 그 때문에 눈에 잘 보이지 않는다. 엘리펀트 모레인 지역은 2,000m 이상의 높은 지대에 있다. 운석이 숨어 있는 빙하는 언덕을 만나면 속도가 느려진다. 이어 바람에 의해 매년 언덕 위의 빙하가 조금씩 깎인다. 여기에 태양 빛이 빙하를 녹인다. 이런 과정을 통해 빙하 아래 숨어있던 운석이 그 모습을 서서히 드러낸다."

이른바 '블루 아이스(Blue Ice, 靑氷)' 지역이다. 최 교수는 "이 같은 블루 아이스 지역에서 운석을 찾는다."고 설명했다. 남극에서 발견되는 운석은 소행성에서 만들어진 것이 대부분이다. 드물게 화성이나 달에서 온 운석도 있다. 운석은 46억 년 전 태양계 초기의 모습을 간직하고 있다. 이 때문에 운석에 관한 연구는 우주 역사를 이해하는 데 큰 도움이 된다. 운석은 철운석, 석질운석, 석철질운

석 등으로 구분한다. 지구에 존재하는 운석 10개 중에서 9개 정도
는 석질운석이다. 석질운석은 태양계가 만들어질 때 함께 떨어져
나왔거나 행성의 진화 과정에서 만들어진 것들이다. 반면 철운석
은 소행성의 핵에서 떨어져 나온 것이다. 지구 핵과 구성 물질이
비슷하다. 지구의 형성 과정을 연구하는 데 중요한 데이터다. 석철
질운석은 핵과 맨틀의 경계부에서 만들어진 것으로 맨틀 연구의
기초가 된다.

최 교수는 "2006년에 운석을 찾기 위해 캠핑을 했을 때는 일주
일 동안 '화이트 아웃(White Out)'을 경험했다."며 남극의 변화무쌍
한 날씨에 관해 이야기했다. '화이트 아웃'이란 갑자기 안개가 급습
하면서 사방이 온통 하얗게 보이는 것을 말한다. 화이트 아웃 속
에서는 한 치 앞도 보이지 않는 극한 상황에 처한다. 이때는 텐트
안에 꼼짝없이 갇힌다. 언제 끝날지 모르는 상황에서 화이트 아웃
이 끝나기를 기다리는 수밖에 별도리가 없다.

최 교수는 "남극에서 운석을 찾는 것은 여러 가지 극한 상황과
맞서야 하는 어려운 작업의 연속"이라고 덧붙였다. 잔뜩 기대를 안
고 헬기를 타고 떠났는데 1시간 만에 다시 기지로 돌아왔다. 그럼
에도 불구하고 남극 상공에서 바라보는 산들과 설원은 순수함을
간직한 채 우리를 반겼다.

극지연구소 연구원이 운석을 찾아냈다. 오염방지를 위해 손을 쓰지 않고 전문장비를 이용해 수집한다(사진 제공: 극지연구소)

　운석 연구뿐만 아니라 장보고 과학기지에서는 기지 반경 7㎞에 이르는 정밀 지질도 구축작업도 동시에 추진되고 있었다. 장보고 과학기지 주변의 암석을 구분해 4개 기준 정도로 정리하는 작업이다. 이 작업을 수행하고 있는 김현철 한국지질자원연구원 국토지질연구본부 박사는 "약 1대 2만 5,000의 지질도를 만들고 있는데 예상보다 어려움이 많다."며 "절벽과 빙하 등에서 연구를 수행하다 보면 여러 가지 어려움에 부딪혀 연구에 속도가 붙지 않는다."고 밝했다. 정밀 지질도 작성은 장보고 과학기지 근처가 어떤 암석으로 구성돼 있는지를 파악하는 연구 프로젝트다.

2016년 11월 11일. 장보고 과학기지 제3차 한승우 월동대장과 함께 빙설(氷舌, Ice Tongue) 지역을 찾았다. 빙설은 이름에서 알 수 있듯이 빙하가 바다로 쓸려 내려오면서 혓바닥처럼 바다에 툭 튀어나와 있는 곳을 말한다. 순백이 파랑을 먹었다. 천연의 색감으로 우리를 반겼다. 꾸미지도 않고 있는 그대로의 모습을 드러냈다. 하늘의 푸른색이 반사되면서 묘한 느낌이 내 눈 속으로 파고들었다.

자연이 이처럼 아름다운 상황을 연출할 수 있다는 것이 놀라웠다. 그 어떤 위대한 예술가도 흉내 낼 수 없을 지경이었다. 바람에 깎이고 스스로 무너지면서 온갖 모양새를 갖췄다. 가장 높은 곳의 빙설은 약 50m에 이를 정도로 높았다. 한 대장은 "12월에 온도가 영상까지 오르는데 이때 빙하가 조금씩 녹기 시작한다."며 "이는 월동대원들에게 위로가 되는 하나의 남극 자연경관"이라고 설명했다.

운석, 지질, 크레바스 연구와 함께 남극에서 빼놓을 수 없는 연구 작업은 화산 분석이다. 운석 지역으로 가기에 앞서 2016년 11월 10일, 헬리콥터를 타고 리트만 화산으로 향했다. 리트만 화산까지는 약 120㎞, 헬기로 한 시간 정도의 거리다. 상공에서 보는 남극은 눈부셨다. 순백의 세상이 햇빛까지 반사하면서 생생하면서도

순백의 빙설. 남극의 아름다움을 보여주는 또 하나의 선물이다

남극 착륙장에서 바라본 멜버른 화산

날카로운 빛을 뿜어냈다. 선글라스를 꼈는데도 눈이 부셨다.

헬기는 리트만 화산 인근 가스가 분출되는 곳에 착륙할 예정이었으나 날씨가 허락하지 않아 실패했다. 다만 리트만 화산 인근에서 가스가 스멀스멀 분출되는 것은 헬기 안에서 확인할 수 있었다. 이미정 극지연구소 화산연구팀은 헬기를 돌려 장보고 과학기지에서 가까운 멜버른 화산으로 이동했다. 헬기는 가는 도중 세 번이나 착륙하고 이륙하기를 반복했다.

헬기에서 내리자 거센 바람이 우리를 강타했다. 몸이 휘청거릴 정도였다. 연구팀은 망치를 이용해 돌을 깨면서 샘플을 모았다. 이 박사는 "수집한 암석에 대한 주성분과 미량 원소 분석 등을 통해 화산암의 종류를 알 수 있다."며 "주성분을 분석하면 어떤 지구 환경에서 만들어졌는지를 가늠해 볼 수 있다."고 설명했다.

남극에서 화산 연구를 하는 것은 우리나라 백두산의 재폭발 연구에도 큰 도움이 된다. 946년 백두산이 폭발한 이후 약 1000년이 흘렀다. 과연 백두산은 또다시 폭발할까. 이를 알기 위해서는 폭발 당시를 정확하게 파악하는 것이 중요하다. 당시의 화산 폭발은 암석 등에 그대로 흔적을 남겼다. 이를 분석해 시뮬레이션하면 당시 폭발 정도를 알 수 있다. 국제 연구팀의 연구 결과를 보면 백두산의 폭발 규모를 가늠해 볼 수 있다.

"946년 폭발한 백두산의 화산 가스는 하늘을 뒤덮을 정도로 큰 규모였다. 다만 기후변화에는 큰 영향이 없었던 것으로 보인다."

 국제 연구팀은 2016년 11월 30일 〈사이언스〉지에 발표한 연구 논문에서 "백두산에서 발생한 '천 년의 폭발'은 거대 규모였음에도 불구하고 1815년에 발생한 인도네시아의 탐보라 화산 폭발과 비교하면 기후변화에 미친 영향은 적었다."고 지적했다.[18]

 탐보라 화산이 폭발했을 당시 약 28메가톤(1메가톤은 100만 톤)의 '황'이 대기권으로 방출됐다. 연기 때문에 지구 온도가 1도나 낮아질 정도로 엄청난 결과로 이어졌다. 이 때문에 당시 '여름이 없는 1년'이란 유명한 말이 기록됐다. 국제 연구팀은 "백두산의 바위 등을 분석한 결과, 946년 백두산이 폭발했을 때 탐보라 화산폭발보다 더 많은 45메가톤의 황이 방출된 것으로 분석됐다."고 설명했다.

 이번 연구를 이끈 케일라 라코비노(Kayla Iacovino) 미국 애리조나 주립대학 화산학자는 "백두산 폭발은 거대한 규모였다."며 "그럼에도 기후변화에는 매우 작은 영향만 끼쳤다."고 말했다. 즉, 탐보라 화산보다 더 큰 폭발이었지만 기후변화 측면에서는 탐보라보다 영향이 적었다는 진단이다.

---

18) "North Korea's 'millennium eruption' flooded the skies with sulfur, but left little climate trace" 〈Science〉, 2016. 11. 30., 〈http://www.sciencemag.org/news/2016/11/north-korea-s-millennium-eruption-flooded-skies-sulfur-left-little-climate-trace〉 (접속일: 2018. 6. 14.).

이미정 극지연구소 화산연구팀 박사 등이 남극에서 암석 샘플을 채취하고 있다

그 배경으로 연구팀은 몇 가지 이유를 제시했다. 라코비노 박사는 "백두산은 고위도 화산"이라며 "분출 시기가 겨울이었고 성층권에서 가스가 빨리 없어지는 등 열대지역의 화산 폭발과 달라 기후변화에 큰 영향을 주지 않은 것으로 판단된다."고 설명했다. 이번 연구에는 북한을 비롯해 미국, 영국 등 국제 연구팀이 참여해 공동으로 연구를 수행했다.

백두산은 또다시 폭발할까. 이를 알기 위해서는 화산가스의 비율을 분석하는 것이 매우 중요하다. 남극에는 에레부스, 리트만, 멜버른 등 지금도 가스를 분출하는 활화산이 있다. 미국이 집중적으로 연구하고 있는 에레부스 화산은 시뻘건 용암이 직접 관찰되는 지역이다. 리트만 화산을 관찰한 결과, 그곳에서는 아직도 가스가 분출되고 있었다. 멜버른 화산도 2014년 국내 연구팀이 20여년 만에 화산가스 분출을 확인한 지역이다. 남극 장보고 과학기지의 하계 연구에서 중요한 프로젝트 중 하나가 '화산 연구'다. 이 연구는 남극 활화산의 화산가스 비율을 정기적으로 측정해 그 비율이 어떻게 변하는지를 파악한다. 이미정 극지연구소 박사는 "화산가스는 폭발하기 직전까지 일정한 패턴을 보이면서 변한다."며 "그 비율 변화를 면밀히 관측하면 백두산 폭발 시점 등을 유추해낼 수 있다."고 설명했다.

대부분의 전문가는 백두산이 다시 폭발한다면 그 규모는 '상상을 초월할 수준'이라는 데 동의하고 있다. 화산가스 패턴 분석 등으로 그 시점을 알아내는 데 전 세계 과학자들이 집중하고 있다. 남극의 화산을 연구하는 한 목적이기도 하다. 현재의 활화산 가스 분석을 통해 폭발 시뮬레이션을 만들 수 있기 때문이다.

오존층을 파악하는 것도 남극 연구원들의 주요 임무 중 하나다. 장보고 과학기지에서 정기적으로 수행하는 중요한 임무다. 기지에서는 일정 주기마다 오후 12시 30분이 되면 큰 풍선이 하늘로 떠오른다. 오존 존데(Sonde, 고층 기상 관측기)다. 기상청에서 파견 나온

송수환 월동대원이 이 임무를 맡았다. 송 대원은 오전 9시부터 오존 존데를 준비하느라 여념이 없었다. 풍선에 관측 센서를 달아야 하는데 그 과정이 만만치 않다. 민감한 센서를 다루는 일이어서 조심히 다뤄야 한다. 아직 손에 익지 않아 시간이 오래 걸렸다.

송 대원은 "9~10월에는 2주일에 세 번 정도 오존 존데 풍선을 하늘로 날린다."며 "이 시기가 바로 오존층 파괴가 심해지는 시기"라고 설명했다. 나머지 달은 한 달에 한 번 정도 하늘로 이 같은 센서를 반복적으로 보낸다. 기상청 요원인 송 대원이 하는 일은 여기에만 머물지는 않는다. 매일 오전 9시면 어김없이 장보고 과학기지 내에 송 대원의 '일기예보'가 전해진다.

"오늘 장보고 과학기지 날씨를 예보해 드리겠습니다. 오늘 기온은 영하 9도 정도이고 풍속은 초속 3~6m 정도일 것으로 예상됩니다."

장보고 과학기지는 분초를 다퉈 날씨가 변하기 때문에 날씨를 파악하고 예보하는 것은 매우 중요하다. 대원들이 외부로 연구를 위해 출동하는 날이면 날씨 정보를 꼼꼼히 챙겨야 한다. 오존 존데와 함께 '오토(Auto) 존데'도 있다. 오토 존데는 미리 세팅해 놓으면 시간에 맞춰 자동으로 대기권으로 풍선이 발사되는 시스템이다. 오토 존데를 통해 고도별 풍향, 풍속, 기온, 습도 등의 데이터를 수집한다. 남극의 오존층은 지구 기후변화와 밀접한 관련이 있다. 장

송수환 대원이 오존 존대를 띄우고 있다

보고 과학기지에서 기상을 정기적으로 관측해 데이터를 분석하는 일은 이런 배경에서 아주 중요한 업무 중 하나다. 현재 장보고 과학기지에서는 8㎞ 떨어진 이탈리아 '마리오 주켈리' 기지와 협력해 오존층은 물론 여러 기상 데이터를 수집하고 있다.

나와 함께 2016년 11월에 도착해 1년을 보내야 하는 임정한 월동대장과 인터뷰할 시간이 생겼다. 임 대장은 늘 웃는 얼굴이었다. 그러나 그런 그에게도 앞으로 닥칠 극한 상황에 대한 긴장감은 숨길 수 없었다. 그 긴장감은 무엇보다 1년을 남극이라는 '원초적 공간'이자 '고립된 곳'에서 지내야 하는 긴장감이었다. 그는 "안전이 가장 우선이고 그것만 우선 생각하려 한다."고 먼저 말했다.

임 대장은 세종 과학기지에서 여러 차례 연구 활동을 수행했다. 장보고 과학기지는 이번이 처음이다. 임 대장은 "세종 과학기지는 이끼도 있고 여러 동물도 볼 수 있어 그나마 좋은 편"이라며 "반면 장보고 과학기지는 매우 건조해 생물이 살기에 적합하지 않은 곳"이라고 설명했다. 남극을 경험하면서 그에게는 잊지 못할 기억이 무척 많았다고 한다.

그 첫 번째가 '화이트 아웃'이다. 임 대장은 "안개가 갑자기 엄습하고 주변이 온통 하얗게 보이면서 한 치 앞도 보이지 않는 것을 '화이트 아웃'이라고 한다."며 그 위험성을 전했다. 전기가 갑자기 차단돼 깜깜한 밤이 펼쳐지는 '블랙 아웃(Black Out)'과 대비되는 말이어서 눈길을 끌었다.

두 번째로 기억에 남는 것은 '블리자드(Blizzard)'다. 눈이 내리고 바람이 강하게 불면서 눈이 얼굴을 거침없이 때린다. 얼굴이 금방 얼어붙는다고 했다. 임 대장은 "화이트 아웃과 블리자드를 경험해 보면 남극의 참맛을 알게 된다."고 전했다. 남극의 혹독함과 함께 여기가 남극이라는 것을 체감하게 된다는 것이다.

남극 블리자드의 강력함을 장순근 극지연구소 정책자문위원은 이렇게 설명한다. 장 자문위원은 당시 남극 세종 과학기지에 있었다.

"1995년 7월 18일. 그날 오전부터 불기 시작한 북동풍은 오후부터 점점 강해지기 시작했다. 저녁 6시 20분에는 10분 동안 평균 풍속이 초속 23m에 이르렀다. 순간 최고 풍속이 초속 38.2m에 달할 정도였다. 눈보라에 눈이 날리면서 가로등 불빛조차 보이지 않게 됐다. 시간이 가면서 점점 더 강해진 눈보라는 세종 과학기지 대원들의 방향 감각을 빼앗았다."[19]

---

19) 장순근 저, 『남극 탐험의 꿈』, 사이언스북스, 2004.

임 대장은 16명의 대원과 함께 장보고 과학기지에서 1년을 지내야 한다. 장보고 과학기지는 3~9월까지는 외부 왕래가 차단된다. 5~8월까지는 극야 기간이 찾아온다. 해가 뜨지 않고 캄캄한 밤이 계속되고 바깥에는 거침없이 바람이 불어온다. 이때 기온은 영하 30도를 오르내린다. 기지 바깥으로 나갈 수도 없다. 그는 극한 환경에서 장보고 과학기지를 지켜야 하는 임무를 맡았다. 고립된 시기가 오면 대원들의 정신 건강에도 적잖은 변화가 발생한다.

임 대장은 "장보고 과학기지에서는 극야와 백야가 약 100일 동안 반복되는 등 주변 환경이 안 좋은 것은 사실"이라며 "그러나 그럴 때일수록 대원들의 정신적 안정과 안전이 무엇보다 중요하고 생체 리듬이 깨지지 않도록 배려해야 할 것"이라고 다짐했다. 그리고 무엇보다 공동체라는 생각으로 서로 배려하는 문화를 만드는 것이 필요하다고 강조했다.

그가 이번 월동기간 동안 특별히 관심을 가지는 분야가 있다. 장보고 과학기지 전체 시설에 대한 점검을 통한 효율성과 시스템화를 구축하는 것이다. 임 대장은 "장보고 과학기지는 이제 4년 차에 접어든다."며 "그동안이 준비와 적응 기간이었다면 4년 차를 맞이하는 지금은 전반적인 시설에 대한 시스템화가 무엇보다 중요하다."고 말했다. 그는 앞으로 누가 와도 매뉴얼과 시스템에 따라 운영할 수 있도록 기반을 갖출 것이라고 자신했다.

그는 "이번 제4차 장보고 과학기지 월동대원들을 뽑기 위해 대원들을 직접 인터뷰하고 오기 전부터 서로에 대한 믿음을 키워 왔다."며 "극야 기간에 대원들의 심리가 불안정해질 텐데 서로를 배려하면서 군건히 헤쳐나갈 것"이라고 강조했다. 무엇보다 임 대장은 응급상황에서 어떻게 대처할 것인지를 고민하고 있다. 장보고 과학기지 월동대원 중에는 의료진 1명이 포함돼 있다. 그럼에도 환자를 이송해야 하는 응급상황에서는 현재로서는 뾰족한 대책이 없다. 임 대장은 "근처에 있는 이탈리아 활주로를 이용하거나 미국 맥머도 기지를 통하는 방법 등 응급상황에 대한 매뉴얼도 염두에 둘 것"이라며 "앞으로 1년 동안 대원들이 무사히 임무를 마치고 제5차 월동대에게 도움이 되는 시스템을 만들기 위해 최선을 다할 것"이라고 말했다. "장보고 과학기지는 남극 내륙으로 들어가는 베이스"라고 강조한 임 대장은 "남극을 지킨다는 생각으로 대원들과 건강히 이 기간을 보낼 것"이라고 전했다.

펭귄은
기후변화를
알고 있다

북극에 해빙 위를 어슬렁거리는 '북극곰'이 있다면 남극엔 깜찍하
고 귀여운 '펭귄'이 있다.

남극의 주인은 펭귄이다

북극곰과 펭귄은 지구의 최북단과 최남단의 상징적인 동물들이다. 북극곰이 기후변화로 위기에 처한 것처럼 남극 '펭귄'의 상황 또한 다르지 않다. 2016년 11월 15일. 남극에서 마침내 황제펭귄을 만났다. 그동안에는 날씨와 장비 등이 제대로 갖춰져 있지 않아 접근이 불가능했다. 그러나 이날 남극의 날씨는 황제펭귄을 만나는 것을 허락해 주었다.

펭귄은 남극의 대표적인 동물이다. 북극의 아이콘이 '북극곰'인 것처럼 남극의 아이콘으로 확고히 자리 잡고 있는 동물이 펭귄이다. 장보고 과학기지에서 헬기를 타고 약 15분 정도 비행하면 '케이프 워싱턴(Cape Washington)' 지역이 나온다. 헬기에서 내려다본 케이프 워싱턴은 온통 하얀 세상이었다. 그곳에 6만~7만 마리의 황제펭귄들이 함께 모여 살고 있다. 헬기에서 본 황제펭귄들의 무리는 시커먼 점들로 보였다. 시커먼 점들의 집합이 하얀 설원을 뒤덮었다. 그만큼 하얀 설원은 황제펭귄들로 가득해 빈틈이 보이지 않았다. 장관이었다. 케이프 워싱턴은 장보고 과학기지에서 가까워 해빙, 해양, 항공을 통한 접근이 쉽다.

실제로 본 황제펭귄은 생각했던 것보다 덩치가 매우 컸다. 성인의 허리까지 이를 정도였다. 헬기에서 내렸을 때 조금은 따뜻하다는 느낌이 들었다. 주변을 둘러싸고 있는 산이 바람을 막아주고 있었다. 황제펭귄들은 인간의 출현을 두려워하지 않았다. 7만 마리의 무리를 이끄는 마당에 몇 명의 인간을 무서워할 이유가 없어 보였다. 가만히 앉아 있었더니 오히려 황제펭귄이 먼저 우리에게로 다가왔다. 긴장하는 눈치는 보였지만, 도망가거나 두려워하는 표정은 없었다. 오히려 황제펭귄이 호기심 어린 표정을 지으며 우리를 보러 오는 상황이었다. 펭귄들이 인간을 구경하러 오는 묘한(?) 순간이 펼쳐졌다. 자신들이 주인이고 우리를 손님으로 받아들이는 걸까. 한참 동안 탐색전을 펼치며 이리저리 관찰하는 모습이 귀여

남극 케이프 워싱턴 지역에는 약 7만 마리의 황제펭귄이 집단으로 거주한다

웠다.

저 멀리 황제펭귄이 집단으로 사는 '메인 콜로니'가 보였다. 메인 콜로니에서 많이 떨어진 곳에 황제펭귄 무리가 군데군데 보였다. 펭귄을 연구하는 정호성 극지연구소 박사는 "이렇게 메인 콜로니에서 떨어져 나온 황제펭귄들은 번식에 실패한 펭귄들"이라고 설명했다. 짝을 찾지 못했다는 것이다. 황제펭귄은 매년 5월에 얼음이 얼면 이곳 케이프 워싱턴 얼음 위에서 교미와 번식을 한다. 이때 날씨가 매우 춥기 때문에 알을 품어주는 일은 매우 중요하다. 알이 얼지 않게 숙련된 기술이 필요하다.

정 박사는 황제펭귄의 부화 과정에 대해 세밀한 관찰을 이어오고 있다.

"초보 암컷과 수컷이 알 품기를 할 때 교대를 하는데 이 과정에서 제대로 인수인계가 되지 않으면서 알이 얼어버리는 경우가 많다. 알이 얼면 터져버려 번식에 실패한다. 황제펭귄의 번식률은 60~70% 정도 된다. 10개의 알 중 3~4개는 부화하지 못하는 셈이다. 암컷과 수컷이 알을 다리 위에 올려놓고 얼지 못하게 해야 하는데 그렇지 못한 초보 어미와 수컷들이 의외로 많다는 것을 의미한다."

알을 품는 것도 어느 정도 연습이 필요하다는 지적이었다. 아이를 키우는 인간도 연습이 필요한 것처럼, 부단한 노력이 '새끼 키우기'의 핵심이라는 것이다. 현재 이곳 케이프 워싱턴 지역에는 약 6만~7만 마리의 황제펭귄이 살고 있다. 새끼는 1만9,000마리가 살고 있다. 황제펭귄 특유의 빛깔과 새끼들까지 합쳐져 케이프 워싱턴은 그야말로 펭귄들의 세상으로 바뀌어 있었다. 번식에 실패한 황제펭귄 무리를 지나자 황제펭귄의 '메인 콜로니'가 눈에 들어왔다. 이들은 사람의 접근을 전혀 두려워하지 않는다. '메인 콜로니'에는 암컷과 수컷 황제펭귄들에 둘러싸인 새끼들이 곳곳에서 모습을 드러냈다. 그 크기가 제법 컸다.

황제펭귄들도 저마다의 역할이 있다. 우선 새끼들이 제일 안쪽에 위치하고 그 바깥에는 'Guard(보초)'가 서 있다. 우리가 다가서자 보초 역할을 맡은 황제펭귄들은 '웨에엑! 웨에엑!' 하고 소리를 지르며 경계심을 늦추지 않았다. 우리가 이동하자 배를 깔고 눈 위를 미끄러지며 같이 따라왔다. 조그마한 우리의 움직임에도 펭귄들은 감시의 눈을 늦추지 않았다. 새끼 한 마리를 여러 펭귄이 둘러싸며 함께 이동했다. 새끼를 보호하는 황제펭귄의 의지는 매우 강해 보였다. 펭귄 탁아소에도 펭귄마다 역할이 있다. 탁아소를 관리하는 황제펭귄 등 그 역할은 매우 다양하다.

이러한 황제펭귄을 위협하는 새가 있다. 스쿠아(Skua)라고 부르는 '도둑갈매기'다. 이날도 도둑 갈매기 수십 마리가 하늘을 비행하면서 호시탐탐 새끼 펭귄을 노리고 있었다. '보초' 역할을 맡은 황제펭귄은 도둑 갈매기의 동태를 면밀히 살피고 있었다. 하늘로 고개를 치켜든 채 스쿠아의 비행경로를 세심하게 관찰하고 있었다. 그러다 위협이 될 만한 상황이 오면 큰 소리로 이를 주변의 다른 펭귄들에게 알렸다. 황제펭귄은 위협 상황이 오면 소리를 통해 서로 정보를 나누는 시스템을 갖추고 있다. 위협을 경고하는 소리가 들리면 수컷과 암컷 황제펭귄들은 새끼를 겹겹이 에워싸며 보

황제펭귄 한 쌍이 새끼를 감싸 안으며 보호하고 있다

호한다. 그래도 스쿠아에게 새끼를 강탈당하는 경우가 종종 있다. 도둑 갈매기는 어미들이 한눈을 파는 사이 보호망에서 벗어나는 새끼를 노린다. 스쿠아는 그런 상황이 오면 새끼 펭귄을 우선 부리로 한 번 쫀다. 새끼가 죽으면 어미 펭귄은 미련 없이 떠나버리기 때문이다. 도둑 갈매기가 노리는 수법이다. 가는 도중에도 죽은 새끼 펭귄 몇 마리가가 보였다. 자연 생태계에서 볼 수 있는 먹이사슬이 남극 펭귄 마을에도 존재했다.

수만 마리가 집단으로 사는 케이프 워싱턴 지역은 황제펭귄의 배설물로 가득했다. 배설물의 색깔은 짙은 녹색이었다. 정 박사는 "황제펭귄의 주요 먹이는 크릴새우"라며 "크릴새우를 먹은 황제펭귄의 배설물을 보면 분홍빛을 띤다."라고 말했다. 현재 배설물이 짙은 녹색을 띠는 이유는 남극 은어의 치어 등을 먹었기 때문이라고 설명했다. 치어와 갑각류 등을 먹으면 배설물의 색깔이 녹색으로 나타난다. 올해 황제펭귄 연구에는 다큐멘터리 전문가 임완호 프로듀서(PD)가 동행했다. 전 세계에서 처음으로 '드론'을 이용한 황제펭귄 개체 수 파악에 나섰다. 드론을 통한 파악 방식은 일정 구역을 정해 드론으로 이를 촬영한 뒤 개체 수 파악 등에 이용하는 시스템이다. 임 PD는 "케이프 워싱턴에서 영상 촬영 장치를 단 드론으로 고해상도 사진은 물론 이를 통해 황제펭귄의 개체 수를 어느 정도 측정할 수 있다."고 말했다. 새끼들과 다 큰 펭귄들을 선명하게 구분할 수 있을 정도로 해상도가 매우 높다고 강조했다.

남극의 상징인 '펭귄'은 기후변화와 떼려야 뗄 수 없는 관계다. 황제펭귄의 먹이인 크릴새우는 해빙을 따라 움직이는 습성을 지니고 있다. 지구 평균 온도가 올라가면 해빙이 많이 녹게 되고 이는 크릴새우의 증감에 큰 영향을 끼친다. 궁극적으로 황제펭귄의 생태계에도 영향을 미칠 수밖에 없다. 먹이사슬의 어느 한 곳에 구멍이 생기면 그 영향은 연쇄적으로 이어진다.

황제펭귄들이 집단으로 서식하고 있는 곳에 '낯선 이'가 보여 눈길을 끌었다. 이곳에서는 잘 볼 수 없는 아델리펭귄 한 마리가 우리를 보더니 쏜살같이 배를 깔고 눈 위를 미끄러져 도망쳤다. 아델리펭귄은 장보고 과학기지에서 300㎞ 떨어져 있는 케이프 할렛 등에서 관찰되는 펭귄이다. 무리에서 떨어진 아델리펭귄이었다.

황제펭귄 새끼들은 12월 중순이 되면 회색 털을 벗고 발밑에서부터 황제펭귄 고유 빛깔의 털로 털갈이한다. 이때가 되면 새끼 곁을 지켜주던 어미도 떠난다. 새끼들에게는 독립의 시간이다. 이어 바다에서 먹이 활동을 한 뒤 5월에 다시 이곳 케이프 워싱턴으로 돌아와 번식 준비를 한다. 황제펭귄은 오랫동안 남극을 지켜온 주인이다. 그만큼 인류가 소중하게 보호해야 할 생명체로 여겨지고 있다. 기후변화로 이들의 생태계가 파괴되지 않도록 전 세계의 노력이 필요한 시점이다. 2017년부터 케이프 워싱턴에 연중 모니터링 카메라가 설치됐다.

정호성 극지연구소 박사는 2014년 장보고 과학기지가 완공되자 약 30㎞ 떨어진 케이프 워싱턴을 먼저 찾았다. 앞서 말했듯이 이곳이 바로 황제펭귄의 집단 서식지이기 때문이다. 정 박사는 "이제 3년 차에 접어들었지만, 황제펭귄에 대한 연구는 시작 단계"라며 "올해 드론으로 개체 수 파악에 나서고 연중 모니터링을 할 수 있는 시스템이 갖춰지면 연구가 한 단계 진보할 것"이라고 말했다. 케이프 워싱턴 뒤편에는 낮은 산이 하나 있는데 이곳에 카메라를 설

하얀 설원 위에서 황제펭귄들이 편안한 휴식을 취하고 있다(사진 제공: 극지연구소)

치한다.

케이프 워싱턴과 함께 장보고 과학기지에서 약 300㎞ 북쪽으로 가면 케이프 할렛 지역이 있다. 이곳은 아델리펭귄이 서식하는 지역이다. 정 박사는 "11월 말에 이곳으로 들어가 약 일주일 동안 뉴질랜드 연구팀과 캠핑을 할 예정"이라며 "아델리펭귄을 연구하면 이들의 먹이인 크릴새우 등에 대해서도 간접적으로 데이터를 모을 수 있다."고 설명했다. 정 박사는 "기후변화로 해빙이 줄어들고 원양어선의 포획 등으로 크릴새우 생태계가 변하고 있다."며 "이는 곧바로 펭귄들에게 직접적 영향을 끼치는데 우리가 연구하는 아델리펭귄 등을 통해 해양생태계 모니터링을 할 수 있다."고 설명했다.

실시간 모니터링 카메라는 위성으로 원격 제어돼 접근이 불가능한 겨울에도 펭귄들이 어떻게 살고 있는지를 관측할 수 있다. 이 같은 인프라가 구축되면 동계 실시간 모니터링과 하계 현장 연구를 통해 입체적 펭귄 연구 시스템이 갖춰질 것으로 기대된다.

북극곰의 개체 수 감소와 함께 남극의 대표적 아이콘인 펭귄의 개체 수도 줄어들 것이란 연구논문이 발표돼 관심을 끈 바 있다. 그 원인이 기후변화의 영향 때문이라는 것이다. 결과적으로 지금의 펭귄 개체 수에서 절반 정도로 줄어들 것이란 내용을 담은 해당 보고서는 학계에 충격을 주었다. 2014년 6월 29일, 〈네이처 기후변화〉지에 논문이 발표됐다.[20] 이 논문은 당시 국내 언론에서 크게 보도됐다. 논문의 주 저자는 미국 매사추세츠주에 있는 우즈 홀 해양학연구소(Woode Hole Oceanographic Institution)의 스테파니 즈누브리에 박사였다. 지금까지 위성을 통한 관측 결과 황제펭귄은 남극 주변 45곳에서 60만 마리 정도가 사는 것으로 파악됐다. 스테파니 즈누브리에 박사 등은 해당 논문에서 기후변화의 영향으로 2100년까지 세계의 45개 황제펭귄 서식지에서 모두 개체 수가 줄어들 것으로 진단했다. 특히 이들 집단 가운데 3분의 2 정도는 지금의 개체 수보다 절반 이하로 줄어들 것이라고 분석했다. 연구팀은 황제펭귄의 개체 수가 앞으로 30년 동안 10% 정도 증가한 뒤 줄어들기 시작해 2100년에 이르면 현재 수준에서 최소 19% 정도 줄어들 것으로 예상했다. 즉, 현재 60만 마리에 이르는 황제펭귄 개체 수가 2100년이 되면 약 48만 마리로 줄어든다는 의미다.

그들은 그 이유로 두 가지를 들었다. 해빙과 먹이다. 바다를 덮고 있는 얼음이 줄어들면 황제펭귄의 서식지 자체가 축소될 수밖에 없다. 이는 황제펭귄의 주요 먹이인 크릴새우에도 영향을 끼쳐 먹잇감이 감소하는 결과로 이어진다. 남극의 펭귄은 삶의 터전과

---

20) Stephanie Jenouvrier, 「Projected continent-wide declines of the emperor penguin under climate change」.

먹거리 감소라는 두 위험에 직면하고 있다. 인류 '최후의 보루'인 남극이 무너지면 펭귄도 그 영향에서 자유롭지 못하다. 이어 그 파급은 인류에게도 닥칠 것이다.

남태평양, 사라지는 섬
(Missing Island)

2015년과 2016년의 북극과 남극 취재에 이어 2017년 8월에는 남태평양 도서국가를 방문했다. 2017년 8월 1일부터 10일까지 피지와 통가, 투발루를 찾았다. 이들 국가는 호주의 동쪽, 뉴질랜드에서 본다면 북쪽에 위치한 나라들이다. 지구 온난화에 따른 해수면 상승으로 일부 국가의 섬 중 몇 군데는 이미 바다에 잠긴 곳도 있었다. 기후변화의 현실을 적나라하게 보여주는 곳이었다.

우리에게 남태평양은 휴양지로 잘 알려져 있다. 짙푸른 바다와 이채로운 풍경으로 전 세계인들의 눈길을 사로잡는다. 그러나 그 이면에는 생존을 위협하는 기후변화의 그늘이 짙게 깔려 있다. 당시 피지에서 만난 김성인 주 피지공화국 대한민국대사관 대사는 "남태평양 지역에서 가장 시급한 것은 기후변화 대응"이라고 잘라 말했다. 기후변화 대응만큼 더 절실한 문제는 이 지역에는 없다고 강조했다. 피지는 1970년대 우리나라의 모습과 비슷했다. 남태평양 국가들은 지구 온난화의 원인인 이산화탄소 배출과 큰 관련성이 없는 나라들이다. 즉, 이산화탄소 배출에 책임이 거의 없다. 그럼에도 이들 국가가 강대국의 이산화탄소 배출로 인한 피해를 보고 있다. 2006년 호주 연방과학원(CSIRO) 해양대기연구 결과를 보면 1850년부터 2000년까지 이산화탄소 배출의 역사적 책임 비율은 미국과 유럽연합에 있음을 분명히 하고 있다. 미국이 29.64%, 유럽연합 27.06%로 두 지역이 이산화탄소 배출 책임의 절반을 넘었다. 반면 남태평양 도서국인 통가는 이산화탄소 배출 책임이 0.01%에 불과했다. 온실가스 배출 책임은 다른 국가에 있는데 정작 그 피해는 남태평양 도서국가가 겪는 아이러니한 상황이다.

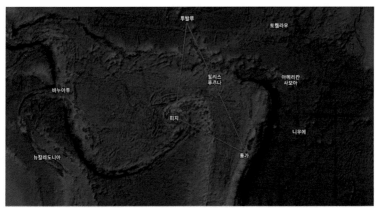

2017년 남태평양 취재는 해수면 상승으로 직접적 피해를 보고 있는 피지, 통가, 투발루를 대상으로 했다

투발루와 키리바시 국민은 이미 뉴질랜드와 피지 등으로 이주를 시작했다. 평균 해발고도가 약 3m밖에 되지 않는 투발루는 이미 해수면 상승으로 나라 전체가 바다에 조금씩 잠기고 있다. 해안가에 벽돌을 쌓아 방어 둑을 만들고 있지만, 지속해서 상승하는 해수면을 막기에는 역부족이었다. 피지, 사모아, 통가, 뉴칼레도니아 등을 표시한 지도를 보면 그 변화를 확연하게 볼 수 있다.

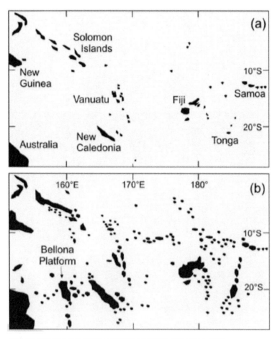

2만 년 전(b)과 지금의 남태평양 도서국(a)의 비교 사진.
점점 육지가 사라지고 있음을 알 수 있다(사진 제공: 주피지대한민국대사관)

이 사진은 2만 년 동안 이 지역의 지질 변화를 보여주는 비교 사진이다. 2만 년 동안 남태평양 도서국의 여러 섬이 사라졌음을 확인시켜 준다. 2만 년 전에는 점점이 곳곳에 섬들이 표시돼 있다. 반면, 지금은 많은 점(섬)이 사라지고, 남아있는 섬들도 점점 바닷속으로 잠기고 있음을 보여준다. 즉, 이를 통해 지난 2만 년 동안 남태평양 도서국들이 해수면 상승으로 어떤 영향을 받았는지를 알 수 있다. 상당히 많은 섬이 사라졌고, 육지가 눈에 띄게 줄어들었다.

피지 난디 타운(Nadi Town)의 경우, 2011년의 해수면이 1900년보다 25㎝ 상승한 것으로 분석됐다. 오는 2030년에는 1900년보다 55~70㎝ 높아질 것으로 예상된다. 이제는 남태평양 지역을 휩쓸고 있는 기후변화의 현재를 파악하고 미래를 대비해야 하는 시점에 와 있다. 기후변화에 대한 대비책 마련이 시급하다는 게 전문가들의 공통된 분석이다. 문제는 남태평양 도서국가들의 경우 자체적으로 이 같은 기후변화에 대응할 수 있는 능력이 없다는 데 있다. 김성인 대사는 "남태평양 도서국들의 경우 바닷물이 육지로 흘러들어오면서 잠기는 것은 물론 담수에도 영향을 미쳐 식수문제 또한 심각하다."고 지적했다. 김 대사는 "기후변화의 영향이 심각함에도 불구하고 이들 나라는 자체적으로 해결할 능력이 없는 게 현실"이라고 말했다.

해발고도가 낮기 때문에 절체절명의 순간에 서 있는 남태평양 도서국. 이 문제가 비단 이들 나라만의 문제일까. 시간이 지나면서 해수면이 더 상승하면 미국, 유럽, 일본은 물론 우리나라를 비롯해 해안가에 사는 지구촌 모두에게 영향을 미칠 수밖에 없을 것이다.

피지의 눈물
- 맹그로브의 역설

　흔히 어떠한 것을 개발할 때는 몰랐는데 개발 이후에 문제가 불거지는 경우가 많다. 피지도 다르지 않다. 경제 성장과 편리함이 주는 대가는 혹독할 정도로 우리의 삶을 송두리째 흔드는 경우가 적지 않다.

　아마존 어느 원시 부족의 이야기다. 이들은 자연을 벗 삼아 자신들에게 주어진 환경에서 삶을 이어가는 부족이었다. 해가 뜨면 일하고 해가 지면 움막에서 잠을 청하는 공동체 마을이었다. 이 부족의 주식은 악어였다. 부족 거주지 근처의 강가에는 언제나 악어들이 살고 있어 먹거리를 구하는 데 어려움이 없었다. 큰 악어 한 마리를 마을 사람들이 모두 나서 잡고 며칠 동안 이를 나눠 먹으면서 삶을 이어가고 있었다. 욕심부릴 것도, 경쟁할 것도 없었다. 모든 것은 마을 공동으로 진행했고 모든 일은 마을 회의를 통해 결정하고 시행했다.

　어느 날, 이곳에 서양의 문명이 들어왔다. 몇몇 서구인이 이 마을을 찾았다. 서구인들은 이 원시 부족이 하는 노동과 그들의 현실을 보고는 매우 비합리적이란 결론을 내렸다. 서구인들은 원시 부족에게 한 가지 제안을 했다. 노동의 합리적 사용이라는 논리였다.

"우리가 큰 냉장고를 하나 주겠다. 악어 사냥을 나갈 때 한 마리만 잡지 말고 한 번 나갔을 때 여러 마리를 잡아 냉장고에 보관하면 된다. 몇 날 며칠을 편히 먹고 마실 수 있다."

원시 부족은 신기한 냉장고를 보며 환호성을 내질렀다. 서구인들의 말에 따라 원시 부족민들은 강가에 서식하는 악어를 한꺼번에 사냥하기 위해 나섰다. 큰 악어에서부터 작은 것까지 모두 잡아 냉장고에 차곡차곡 보관했다. 원시 부족민들은 몇 달 동안 냉장고에 보관된 악어를 먹으며 편안한 삶을 영위했다. "참 신기한 물건이다."라는 말과 함께. 그렇게 몇 달을 편히 보낸 원시 부족민들은 냉장고에 보관했던 악어 고기가 마침내 바닥났다는 것을 알았다. 걱정할 것은 없었다. 다시 악어를 잡아 냉장고에 보관하면 또다시 몇 달을 편히 쉴 수 있을 것이기 때문이었다. 원시 부족민들은 다시 악어 사냥에 나섰다. 그들의 조상의 조상, 그 조상의 조상으로부터 이어오던 악어 사냥이었다. 그러나 악어가 살던 강가에 도착한 원시 부족민들은 큰 충격을 받았다. 큰 악어에서부터 작은 악어까지, 악어가 가득했던 강가에는 한 마리의 악어도 없었다. 그들은 그제야 깨닫게 된다.

그전에는 큰 악어 한 마리를 잡아먹을 동안 새끼 악어들이 자라고, 이 악어가 큰 악어가 되면 다시 잡아먹는 생태계의 순환이 자연스럽게 이뤄졌던 것이다. 그러나 냉장고라는 문명이 들어온 이후 원시 부족민들이 한꺼번에 모조리 악어를 잡아버렸으니 생태계의 순환이 깨져 버리는 것은 당연한 일이었다. 후회해도 이미 때는 늦었다. 원시 부족민들은 자신들이 오랫동안 버티고 살았던 터전을 떠날 수밖에 없었다. 더 이상 강가에 악어가 살지 않았기 때문이다. 생태계의 선순환은 우리가 미처 깨닫지 못하는 사이 파괴되는 경우가 많다. 뒤늦게 '눈물'을 흘려본들, 이미 사라지고 없어진 것을 어떻게 되돌릴 수 있을까.

'피지의 눈물' 또한 이와 다르지 않다. 이른바 '맹그로브의 역설'이다. 피지를 방문하는 일만 해도 만만치 않은 여정이었다. 인천공항에서 비행기를 통해 피지의 난디(NADI)에 도착했다. 다행히 일주일에 한 번 정도, 인천공항과 난디 사이의 경로를 운항하는 우리나라 국적의 항공기가 있었다. 인천공항에서 난디로 가는 비행기에는 우리나라의 많은 학생이 함께 탑승했었다. 자못 궁금했다. 피지는 휴양지이기는 해도 많은 학생이 연수를 하러 가는 경우는 드물기 때문이다. 그 궁금증을 금방 풀렸다. 그들은 피지 난디를 통해 뉴질랜드로 가는 길이었다. 피지에서 뉴질랜드는 가까웠다. 즉, 피지를 방문하는 게 아니라 피지를 경유해 뉴질랜드로 가는 학생들이었다. 난디 공항에 도착해 피지의 수도 수바(SUVA)로 향했다. 혼자 떠나온 취재였기에 난디 공항 국제선에서 홀로 길을 찾아 국내선으로 갈아타야 했다. 국내선은 아주 작았다. 그곳에서 처음으로 8인승 경비행기를 타고 수바에 도착할 수 있었다.

피지 공화국은 조용한 섬나라다. 해안선의 길이가 약 1,129㎞에 이른다. 남태평양 도서국 중에서도 덩치가 큰 편에 속한다. 피지의 해안가를 걷다 보면 맹그로브를 어렵지 않게 만날 수 있다. 맹그로브는 열대와 아열대의 갯벌인 하구에서 자라는 목본식물을 말한다. 그러나 그렇다고 해서 바닷물에 뿌리를 박고 생존하는 특이한 나무라고 생각한다면 맹그로브를 너무 단순하게 보는 시각이다.

맹그로브는 홍수는 물론 바닷물이 육지로 차오르는 것을 방지하는 역할을 수행한다. 바닷물에 잠긴 뿌리는 물고기들에게 안식처를 제공하는 등 생태계 보전의 첨병 역할도 거뜬히 감당한다.

피지 동쪽에 자리 잡고 있는 수도 수바. 서쪽에 위치한 난디를 거쳐 수바에 도착한 2017년 8월 2일 오후 4시, 나는 가장 먼저 바닷가를 찾았다. 그곳에서 시원한 바람을 벗 삼아 산책하는 피지 국민들을 볼 수 있었다. 해안가 바로 곁으로는 넓은 잔디밭 광장이 있고 럭비를 즐기는 청년들을 보는 것은 일상적인 풍경이었다. 호주와 뉴질랜드의 영향으로 피지에서는 럭비가 가장 인기 있는 스포츠였다.

바닷물이 차오를 때는 인도 바로 앞까지 치고 들어왔다. 이러다 바닷물이 벽을 넘어오는 게 아닐까 걱정이 앞설 정도였다. 수바 해안 벽(Sea Wall)을 따라 바닷물이 어깨를 나란히 했다. 그 속에서 우연히 바닷물에 잠긴 맹그로브 군락을 발견했다. 동행했던 박상태 주 피지 대한민국대사관 1등서기관은 "예전에는 수바와 난디에 맹그로브가 무척 많았다고 하는데 지금은 듬성듬성 있을 뿐"이라고 설명했다. 그 이유가 궁금했다.

수바보다 난디에 맹그로브가 더 많이 있었다. 그러나 지금 난디에서는 그 많았던 맹그로브를 거의 볼 수 없는 지경에 이르렀다. 그 많던 맹그로브는 어디로 간 것일까. 이유는 단순하다. 맹그로브를 잘라내고 간척을 통해 그곳을 개발했기 때문이다. 큰 아름드리 맹그로브가 싹둑싹둑 잘려나갔다. 맹그로브가 없어지면서 땅은 넓어졌고 그곳에 높은 건물이 하나둘씩 자리 잡았다. 이후 난디는 어떻게 됐을까.

피지 수도 수바의 한 해안가에 있는 맹그로브. 개발 등으로 피지에서 맹그로브가 점점 사라지고 있다

난디는 시도 때도 없이 홍수에 시달리고 있다. 2050년에 이르면 난디가 바닷물에 잠길지 모른다는 전문가의 분석까지 나오고 있는 실정이다. 바로 맹그로브의 역설이자 뒤늦게 후회하는 '피지의 눈물'이 아닐 수 없다. 홍수를 방지하고 바닷물의 방어벽이었으며 생태계의 보호막이었던 맹그로브는 인간의 욕심으로 사라지고 말았다. 개발을 위해 수많은 맹그로브를 싹둑 잘라낸 결과는 고스란히 인간에게 되돌아오고 있다. 그러니 바닷물이 거침없이 육지를 위협하는 것은 당연하지 않을까. 그것도 해발고도가 높지 않은 섬

나라이니 앞으로 해수면이 상승하면 그 영향을 더욱 클 수밖에 없을 것이다.

화산섬으로 이뤄져 있는 피지는 그나마 해수면 상승으로 육지가 잠기는 절체절명의 위기 상황까지는 아직 이르지 않았다. 문제는 화산섬이 아닌 산호초 섬으로 이뤄져 있는 남태평양의 도서국인 투발루와 키리바시 등에 있다. 산호초 섬은 산호초가 오랫동안 쌓이고 쌓여 만들어진 곳을 일컫는다. 화산이 분출해서 이뤄진 화산섬이 아니다 보니 평균 해발고도가 5m도 되지 않는다. 산이 아예 없다. 그렇다 보니 기후변화로 발생하는 해수면 상승은 나라 전체가 수몰되는 위기를 야기하고 있다. 오갈 곳이 없다. 생존을 위해서는 자신이 태어나고 자란 그곳을 떠나는 것만이 유일한 해결책이다.

수바에 자리 잡고 있는 남태평양대학(USP) 피터(Peter Nuttall) 박사는 "남태평양 도서국 중 투발루와 키리바시는 30~60년 안에 사라질 것"이라며 "이들 국가에게 기후변화는 더 이상 논의와 토론의 대상이 아니라 생존의 문제"라고 지적했다.

피터 박사는 "이미 투발루 등의 경우 인구가 줄고 있고 이주가 시작되고 있다."며 "호주와 뉴질랜드, 피지 등이 지금은 이들 국가의 이주를 받아주고 있는데 과연 앞으로도 그럴 수 있을지라는 부분에 이르면 회의적"이라고 말했다. 앨리슨(Alison Newell) USP 시니어 연구원은 트럼프 미국 대통령의 파리기후협약 탈퇴를 강하게 비난했다. 그는 기후변화에 대한 전 세계 합의를 부정하는 행태라고 지적했다.

　앨리슨은 "미국은 트럼프 대통령 때문에 기후변화 리더십을 잃었고 중국과 인도가 그 중심에 나설 것으로 보인다."고 설명했다. 무엇보다도 앨리슨은 파리기후협약에 강제성이 없어 실효성 부분에 이르면 의문이라고 지적했다. 남태평양 도서국의 기후변화는 생존 문제와 직접 맞닿아 있다. 전 세계가 기후변화와 관련돼 논의와 토론만 하는 사이에 이들 국가는 직접 피해를 보고 있다. 결국, 지금

피지 수도인 수바. 바닷물이 점점 차오르고 있다

이 바로 국제 공조 사업이 필요한 시점이라는 데 전문가들은 입을 모은다.

남태평양의 섬나라 피지가 해수면 상승 등 기후변화에 따른 환경상의 위협에 대비하려면 앞으로 10년 동안 5조 원에 이르는 비용을 투입해야 한다는 조사 결과도 있다.

이런 가운데 2017년 11월 9일 발표된 하나의 보고서가 피지 국민의 눈길을 끌었다. 11월 9일 영국 매체 〈가디언〉지에 따르면 피지 정부가 세계은행의 지원을 받아 진행한 조사 결과, 피지가 기온 상승과 거센 폭풍, 해수면 상승 등 기후 변화로 인한 피해에 대비하려면 앞으로 10년간 45억 달러(한화로 약 5조 원)가 필요한 것으로 나타났기 때문이다.[21] 이번 보고서에서는 잠재적으로 파괴적인 기후변화의 영향에 대응하면서 피지의 개발 목표를 달성하려면 앞으로 10년 동안 피지의 한 해 국내총생산(GDP) 총액에 육박하는 자금이 필요할 것으로 추산했다.

또한, 보고서는 피지 내 일부 저지대의 경우, 해수면 상승과 강력한 폭풍으로 인간이 거주할 수 없는 상황에 부닥칠 것으로 내다

---

21) 연합뉴스, "기후변화에 GDP 저당 잡힌 기후협약총회 의장국", 〈연합뉴스〉, 2017. 11. 10., 〈http://www.yonhapnews.co.kr/bulletin/2017/11/10/0200000000A KR20171110082900009.HTML?input=1195m〉 (접속일: 2018. 6. 14.).

봤다.

피지 기후변화 대응 담당 장관 아이야즈 사예드-카이윰은 보고서의 서문에서 "이번 결과는 현재 우리가 처한 상황이 위급하다는 것과 세계가 이 중대한 위협에 맞서기 위해 즉시 목표를 높여야 한다는 것을 보여준다. 이는 우리가 이미 아는 사실들이다."라고 말했다고 〈가디언〉지는 전했다.

사라지는 섬,
투발루의 위기

사실 2017년 8월 남태평양 취재의 주목적은 투발루(Tuvalu)에 있었다. 기후변화와 관련해 가장 취재해 보고 싶은 나라였다. 남태평양 해수면 상승으로 가장 큰 영향을 받는 곳이 투발루이기 때문이다. 기후변화, 해수면 상승이라는 키워드가 입에 오르내리면 빠지지 않는 나라가 투발루다. 피지 수도 수바에서 투발루로 가는 비행기는 쌍발기로 운항 횟수가 많지 않았다. 약 2시간의 비행이었다.

"영어 할 줄 알아요?"

2017년 8월 3일 오후 1시. 남태평양의 작은 섬 투발루(Tuvalu)의 수도 푸나푸티(Funafuti) 공항에 도착했다. 그곳에서 한 아이를 만났다. 이제 초등학교 1학년 정도 되는 낯선 땅의 낯선 아이. "영어 할 줄 알아요?"라고 질문했더니 "슈어(Sure)!"라고 자신 있게 말했다.

"사진 한 장 찍어도 될까요?"라고 다시 물었다. 그 아이는 주저하지 않고 "그럼요. 당근이죠."라며 낯선 이에게 해맑은 웃음을 던졌다. 낯선 이에게도 전혀 거리감을 느끼게 하지 않는 순수함이었다.

아이의 뒤편으로 커다란 물탱크가 보였다. 탱크에는 '호주 정부 원조 프로그램'이란 글자가 큼지막하게 쓰여 있었다.

8월 3일부터 5일까지, 사흘 동안 남태평양의 작은 섬나라 투발루를 찾았다. 투발루는 해수면 상승으로 국가 전체가 바닷속에 잠길 위기를 맞고 있는 나라다. 한 전문가는 "기후변화의 양상이 이대로 이어진다면 30~60년 안에 투발루는 사라질 것"이라고 경고한 바 있다. 바닷물이 차오르면서 현재 투발루는 식수 문제가 가장 심각하다. 2011년에는 기후변화 탓으로 극심한 가뭄이 투발루를 급습했다. 당시 '긴급 상황'이 발동됐다. 투발루가 남태평양 도서국 중에서도 기후변화의 상징으로 언제나 손꼽히는 이유다. 말로만 듣던 기후변화가 실제 이 나라를 위협하고 있고 생존의 문제까지 맞닿아있는 적나라한 현실이 펼쳐졌다.

해맑게 웃고 있는 이 아이가 어른이 됐을 때 과연 투발루는 어떤 나라가 돼 있을까. 이 아이가 성인이 됐을 때 투발루를 떠나지 않고 낯선 이의 질문에 지금처럼 웃으며 대답할 수 있는 그런 나라로 남아있을까. 지금과 같은 기후변화가 계속된다면 이 아이는 자신의 고향 땅을 떠날 수밖에 없다. 아이의 해맑은 웃음이 나에게 씁쓸해 보이는 이유였다.

투발루는 산호초 섬이다. 앞서 말한 것처럼 화산섬과 달리 산호초 섬은 해수면 상승의 위협 앞에 더욱 취약하다. 오랫동안 산호초가 쌓이고 쌓여 만들어진 섬이 산호초 섬이다. 이 때문에 해수면과 바로 맞닿아 있다. 투발루 수도인 푸나푸티의 평균 해발고도는 2.2m 정도밖에 되지 않는다. 바다와 거의 비슷한 고도다. 바다와 어깨를 나란히 하고 있다는 표현이 적당할 것 같다.

8월 3일 오전 9시, 비행기는 피지 수바의 나우소리(Nausori) 국제공항에서 이륙했다. 약 2시간 20분을 비행한 뒤 투발루 푸나푸티 국제공항에 도착했다. 비행하는 동안 남태평양의 이름 모를 아름

비행기에서 본 투발루. 해수면과 거의 비슷한 고도다

다운 섬들이 눈 아래로 펼쳐졌다. 수바에서 푸나푸티공항까지는 모두 바다이기 때문에 날씨가 좋은 날엔 남태평양의 푸른 바다가 한 폭의 그림처럼 펼쳐진다. 수많은 섬이 앞다퉈 시야를 가득 채웠다. 푸른빛을 머금은 섬들이 하나둘씩 지나가면서 아름다운 풍경을 연출했다. 저 아름다운 풍경도 해수면이 상승하면 사라질 수 있다고 생각하니 안타까웠다. 이미 지난 역사에서 그렇게 됐고 앞으로도 이 같은 일은 계속될 것이다.

투발루 푸나푸티 공항에 착륙하기 직전 비행기에서 바라본 투발루는 초승달 모양이었다. 북쪽의 좁은 폭에서 시작해 중앙으로 내려오면서 서서히 넓어졌고 남쪽에서 다시 좁아지는 모습이었다. 중앙 지역에는 수많은 투발루 시민이 거주한다. 비행기가 활주로에 착륙할 때 양쪽으로 사람들이 이 모습을 지켜보고 있는 게 신기했다. 투발루의 수도 푸나푸티는 활주로가 있는 곳이 가장 넓은 곳이다. 무대로 치면 중앙 무대쯤 된다. 투발루 국민에게 비행기 활주로는 그냥 활주로가 아니었다. 도착한 날인 3일 저녁 5시 30분쯤에 이곳을 다시 찾았을 때 굉장한 풍경이 펼쳐졌다.

활주로에 비행기가 아닌 사람들로 가득했다. 일주일에 세 번 정도 있는 정기 여객기를 제외하면 이곳은 푸나푸티 시민들의 놀이 공간이었다. 투발루의 수도 푸나푸티에는 약 6,000명이 살고 있다.

투발루 푸나푸티 국제공항. 비행기가 없을 때 이 공항은 놀이터가 된다

투발루 푸나푸티 공항 활주로 근처에서 아이들이 비행기 착륙을 지켜보고 있다

활주로에는 마치 투발루 시민 전부가 모여 있는 것 같았다. 이들은 활주로에서 럭비, 축구, 배구, 농구 등 다양한 스포츠 활동을 즐기고 있었다. 활주로는 다른 곳에 진출하는 공간이자 이들 푸나푸티 시민들에게는 함께 즐기고 운동하는 공간이었다. 소통의 창구였다.

한국에 두 달 동안 머무른 경험이 있고 사전에 만났던 적이 있는 에니(Elifalneti Ene) 투발루 기상청 관계자를 공항에서 우여곡절(?) 끝에 만났다. 출장을 떠나기에 앞서 한국에서 에니에게 미리 수차례 메일도 보내고 전화도 했다. 그런데 그때마다 전화 연결은 되지 않았고 이메일에 대한 응답도 없었다. 8월 3일 수바에서 투발루로 출발하는 시간까지도 연결되지 않았다. 그 어떤 대책도 없이 무작정 투발루로 출발할 수밖에 없었다. 이미 비행 편은 예약돼 있었고 이 비행기를 놓치면 투발루 취재는 불가능했기 때문이다.

푸나푸티 공항에서 입국 절차와 세관을 거쳐 빠져나왔다. 푸나푸티 공항 바로 뒤편에 투발루 정부청사가 있었다. '이제 어찌해야 하나'라고 생각하며 멍하니 서 있었다. 약 5분 정도 그렇게 서 있던 것 같다. 갑자기 뒤쪽에서 오토바이를 탄 한 남자가 "미스터 정?"이라며 말을 걸어왔다. 고개를 돌려봤더니 에니가 오토바이를 타고 맑은 미소를 지으며 서 있었다. 그렇게 반가울 수가 없었다.

"에니! 수없이 연락했는데 통화가 되지 않았어요."

"여기 통신망이 아예 다운돼 연락이 되지 않았던 겁니다."

그제야 피지에서 만났던 김성인 대사가 말한 것이 기억났다. 에니와 연락이 되지 않는다고 걱정했더니 김 대사는 "우선 대사관에서도 투발루 정부에 연락을 해 볼 텐데 아니면 그냥 가서도 될 것"이라며 "좁은 나라여서 정부청사 앞에 있으면 자연스럽게 만나게 될 것"이라고 말했다. 정말 거짓말처럼 그 말은 현실이 됐다.

투발루는 작은 나라다. 에니는 나에게 오토바이 뒷자리에 타라고 하더니 투발루를 한눈에 보여주겠다고 나섰다. 푸나푸티 공항은 북쪽과 남쪽 끝의 중간쯤에 위치하고 있다. 에니는 푸나푸티 공항에서 먼저 북쪽으로 방향을 잡았다. 가는 중간중간 투발루 국민이 사는 집들이 보였다. 양쪽으로 바다가 보이는 곳에 옹기종기 모여 있었다. 날씨가 더운 탓인지 대부분 푸나푸티 시민들은 웃옷을 벗고 생활했다. 대부분의 집은 1960년대 우리나라에서 볼 수 있는 소박한 모양새였다. 슬레이트 지붕을 얽기 설기 엮어 조금은 불안해 보이는 모양새였다.

에니가 투발루의 주도로(Mail Road)를 따라 오토바이를 모는 사이 맞은편에서도 오토바이가 수없이 지나갔다. 투발루는 '오토바이의 나라'라고 해도 지나친 말이 아닐 정도로 오토바이가 많았다.

오토바이가 많은 이유는 조금 뒤에 자연스럽게 알 수 있었다. 10분 정도 약 30㎞의 속도로 천천히 달렸는데도 불구하고 벌써 푸나푸티 북쪽 끝에 다다랐다. 푸나푸티 끝에서 반대편 끝까지는 오토바이로 20분이 채 걸리지 않았다. 이런 상황이다 보니 자동차가 군이 필요 없었다. 물론 자동차가 없는 것은 아닌데 투발루 푸나푸티에서는 오토바이와 자전거만으로도 충분히 모든 곳을 오갈 수 있었다.

에니는 북쪽으로 달려가는 와중에도 맞은편에서 오토바이를 타고 오는 이들과 손 인사를 나누느라 바빴다. 한 손으로는 핸들을, 다른 한 손으로는 사람들과 인사를 나누었다. 좁은 나라다 보니 대부분 서로 얼굴을 알고 있는 사이였다. 사돈의 팔촌, 형제의 형제, 사촌의 사촌 등 거의 씨족 부락임을 알려줬다.

"벌써 다 왔어요?"라고 에니에게 물었더니 "그렇다."고 웃으며 말했다. 푸나푸티 공항에서 북쪽으로 갈수록 땅은 좁아졌다. 북쪽 끝에서는 바다와 바다 사이의 간격이 약 20m 정도에 불과했다. 파도가 높이 치거나 혹은 사이클론 등의 폭풍이 칠 때면 바닷물이 반대편에서 넘쳐 맞은편 육지를 위협하는 것은 당연해 보였다.

애니의 오토바이를 타고 투발루 수도 푸나푸티의 북쪽에 이르렀다. 양쪽으로 바다였고 그 폭은 25m에 불과했다

다시 에니의 오토바이를 타고 푸나푸티 북쪽 끝에서 남쪽으로 내려갔다. 곳곳에 해수면 상승을 막기 위한 방어벽을 설치해 놓은 현장이 보였다. 푸나푸티 공항에서 남쪽으로 이동하자 시멘트 기둥을 만들어 해안에 방어벽을 쌓아 놓은 모습이 나타났다. 겹겹이 쌓은 방어벽 바로 앞까지 바닷물이 차올랐다. 군데군데 시멘트 벽돌을 이용해 바닷물이 넘쳐오는 것을 막고 있는 모습도 보였다. 에니는 "곳곳에 이런 방어벽이 있는데 얼마나 버텨낼지 모르겠다. 전

체 국토를 이렇게 방어벽을 쳐야 하는지에 대해 난감한 상황"이라
며 "무엇보다 설치 비용이 만만치 않을 텐데 걱정"이라고 설명했다.

투발루에서는 아주 작은 호텔(?)에 머물렀다. 호텔이라고 표현하
는 것도 무색했다. 우리나라로 치자면 여인숙에 해당할 만큼 매우
소박한 숙소였다. 내가 머무는 숙소에서 일하고 있는 싱아(Seiga T,
28세) 씨는 "우리는 불안하다."고 말했다. 그녀는 이곳에서 이 호텔
을 운영하고 있다. 싱아 씨는 "무엇보다 기후변화로 해수면이 상승
하면서 먹는 물 문제가 심각하다."며 "빗물을 정수해 사용하고 있

투발루는 콘크리트 장벽으로 해수면 상승에 대응하고 있지만 그래도 역부족이다

는데 충분하지 않다."고 지적했다. 투발루 시민들은 비가 오면 빗물을 탱크에 보관했다 정수한 뒤 끓여서 먹는다. 그녀는 "투발루가 물에 잠기면 갈 수 있는 곳은 호주와 뉴질랜드 정도"라며 "그 전에 기후변화에 대한 대책을 마련해 우리가 고향 땅을 버리지 않고 이곳에 계속 살 수 있도록 해야 하지 않겠는가?"라고 되물었다.

투발루 국민이 주식으로 먹는 코코넛도 바닷물이 침투하면서 해안가 곳곳에서 말라 죽어가고 있었다. 소금물이 침투하면서 코코넛의 성장을 방해하기 때문이다. 풀라카(Pulaka)도 투발루에서는 중요한 탄수화물 공급원이다. 풀라카는 오세아니아 지역에서 재배되는 타로와 비슷한 뿌리식물이다. 투발루 시민들의 전통적 탄수화물 공급원이다. 이 또한 재배가 어려운 상황으로 치닫고 있다.

투발루 시민들은 대개 수공예, 수산업, 갈랜드(Garland, 꽃목걸이) 등을 만들어 파는 일에 종사한다. 1차 산업에 종사하는 이들이 대부분이다. 투발루에서 관광 산업은 거의 없다. 나라 자체가 작을 뿐더러 딱히 내세울 만한 관광 상품도 없기 때문이다. 가끔 중국 사람들을 만날 수 있었는데 이들은 대부분 레스토랑 등 사업을 하기 위해 이곳에 온 사람들이라고 싱아 씨는 설명했다.

도착한 지 하루 뒤인 8월 4일. 푸나푸티 전체에서 아침부터 요란한 소리가 울려 퍼졌다. 독특한 기계음 소리와 함께 음악 소리까지 겹치면서 뭔가 푸나푸티 전체에서 어떤 일이 벌어지고 있음을 알려주었다. 호텔에서 나와 길거리로 나섰더니 거리 곳곳에서 길게 자란 풀을 예초기로 자르고 있는 모습이 눈에 들어왔다. 방치돼 있던 쓰레기도 깔끔하게 치워지고 있었다. 에니는 "오늘은 푸나푸티의 '대청소의 날'"이라며 "푸나푸티 전체 시민이 참여해 길거리를 정돈하고 쓰레기를 치우는 날"이라고 설명했다.

떠나기 하루 전날 저녁. 다시 바닷가를 찾았다. 8월 4일 오후 5시 30분쯤 찾은 바다는 잔잔했다. 고요히 잠들어 있었다. 투발루 정부청사를 지나 몇 분 안 되는 거리에 있는 바닷가에서 아이들이 모래를 벗 삼아 뛰어놀고 있는 장면을 목격했다. 이제 3~4살쯤 돼 보이는 아이 세 명이 열대 나무 잎을 잡고 그네를 타고 모래 위를 오르락내리락하며 즐겁게 시간을 보내고 있었다. 아이들 뒤쪽으로 붉은 석양빛이 내리비쳤다. 아이들 뒤로 펼쳐지는 석양은 남태평양 투발루에서만 볼 수 있는 아름다운 풍경이었다. 이 아름다운 풍경을 몇 년 지나면 다시 볼 수 없을지도 모른다는 생각에 조금은 우울한 감정이 솟구쳤다. 누구의 책임일까. 이 아이들은 지금 투발루의 현재를 알고 있을까. 해맑게 놀이에만 집중하는 아이들의 모습이 그 어느 순간보다 소중했다.

투발루 아이들이 석양을 배경으로 야자나무 그네를 타고 있다

　지는 석양을 뒤로하고 돌아오는 동안에도 아이들의 웃음소리는 끊이지 않았다. 아이들은 기후변화로 해수면이 상승한다는 것을 아직 알지 못했다. 다만 지금 이 순간, 지는 석양을 보며 뛰어노는 것이 중요했다. 이 모습이 앞으로도 이어져야 할 터인데 과연 그럴 수 있을까라는 걱정이 내 머릿속을 떠나지 않았다.

　취재 마지막 날인 5일, 푸나푸티에서 피지 수바로 돌아오는 비행기에서 페페투아 라타시(Pepetua Latasi)의 옆자리에 앉았다. 에니는 내가 돌아가는 비행기에서도 인터뷰를 할 수 있도록 사전에 자리

배치를 해 주었다. 그녀는 투발루 정부의 기후변화와 재난부서(Climate Change & Disaster)에서 근무한다. 푸나푸티에서 인터뷰를 하고 싶었는데 그럴 시간이 없었다. 그녀는 항상 비행기를 타고 회의에 참석하는 등 무척 바쁘게 시간을 보내기 때문이다. 그런 연유로 그녀와의 인터뷰는 돌아가는 비행기 안에서 하기로 했다.

라타시는 "투발루 문제는 국제 공조가 가장 중요하다."며 "투발루의 현재를 설명하고 국제적 합의를 이끌어내기 위해 곳곳에서 열리는 회의에 직접 참석해 우리나라의 실정을 가능한 한 자세히 설명하는 것이 중요하다."고 말했다. 그녀는 아마도 투발루에서 가장 바쁜 사람일 것이다. 그녀는 현재 투발루에 가장 필요한 것을 두고는 "재정과 기술적 지원"이라며 "파리기후협약에서 합의한 것처럼, 이제 전 세계가 기후변화로 몸살을 앓고 있는 가난한 나라들에 직접적 지원을 하는 시스템으로 바뀌어야 한다."고 강조했다.

기후변화는 이산화탄소 배출 증가에 따른 지구 온난화가 가장 큰 원인이라는 데 전문가들은 의견을 같이한다. 산업화와 무차별적 개발 등으로 지구는 정화 능력을 잃어가고 있다. 이산화탄소 배출 등 온실가스가 원인이라면 이는 미국과 유럽연합 등 선진국의 책임이 크다고 할 수 있다. 그럼에도 그 피해는 고스란히 이산화탄소 배출 비중이 0.01%에 불과한 남태평양 도서국이 입고 있다. 선진국다운 자세를 보인다면 이제 이들 나라에 대해 적극적 지원을 아끼지 말아야 할 것이다. 아름다운 남태평양을 지키는 것은 이들 나라만의 문제가 아니다. 전 세계가 같이 고민해야 하는 쟁점이다.

매사추세츠대학을 나온 제리 실버(Jerry Silver)는 해수면이 높아지면 가장 위험해질 것으로 예상되는 지역을 두고 같은 입장을 내놓았다. 제리 실버는 "지구 온난화에 책임이 가장 작음에도 불구하고 (지구 온난화로) 가장 취약하고 빈곤한 국가들이 빠르고 극심한 영향을 받을 것"이라고 분석했다. 특히 그는 해안가의 특수성에 주목했다. 제리 실버는 "밤의 불빛을 촬영한 북아메리카의 위성 영상만 보더라도 많은 인구의 거주지가 해안가에 집중돼 있음을 알 수 있다."며 세계 인구의 10% 정도가 해발고도 10m 이내에 거주하고 있다고 진단했다. 대부분 해안선에서 10㎞ 이내에 살고 있고 해수면이 5m 높아지면 뉴욕, 런던 시드니, 벤쿠버, 뭄바이, 도쿄 등 많은 도시가 심각한 홍수 피해에 노출될 것이라고 내다봤다.[22]

---

22) 제리 실버(Jerry Silver) 저, 『스스로 배우는 지구온난화와 기후변화』, 최영은· 권원택 공역, 푸른길, 2010, pp. 171~172.

투발루와 같은 위기에 직면한 남태평양의 키리바시

기후변화에도 이른바 '유전무죄, 무전유죄(有錢無罪 無錢有罪)' 논리가 침투하고 있는 것은 아닐까. 투발루 환경부는 자신들의 나라를 두고 '절체절명의 위기'라고 표현했다. 투발루는 '8개의 섬이 함께 서 있는 곳'이라는 의미를 지닌다. 사실은 9개의 섬이다. 투발루의 인구는 약 1만 898명에 불과하다. 투발루 환경부는 현재 가장 시급한 문제로 식수 문제를 꼽았다. 투발루의 주요 식수원은 비와 지하수다. 투발루는 건기와 우기가 뚜렷하다. 5~10월까지는 건기다. 11월부터 4월까지는 우기다. 지하수는 이미 오염이 심각한 상황이다. 바닷물이 침투하고 있기 때문이다. 이 때문에 빗물을 받아 정수하는 게 주요 식수원인데 이마저도 여의치 않다. 2011년에는 '슈퍼 엘니뇨'의 영향으로 심각한 가뭄을 겪었다. 강우량은 갈수록 줄어들고 있다.

제리 실버도 해수면 상승의 영향으로 "해안 지역의 산호섬이나 해안이 침식되면 태평양과 카리브해의 작은 섬에 거주하는 사람들이 가장 큰 영향을 받는다."며 "해수면 상승은 특히 폭풍우가 발생할 때 위험해지고 (무엇보다) 식수와 농업에 사용할 수 있는 물이 절대적으로 부족해질 것"이라고 진단했다.[23]

---

23) 제리 실버(Jerry Silver), 앞의 책, p. 179.

해수면 상승으로 나라 전체가 위협받고 있는 곳은 투발루뿐만 아니다. 투발루에서 적도 쪽으로 더 올라가면 키리바시가 있다. 키리바시도 산호초 섬으로 솟구치는 해수면으로 인해 나라가 물에 잠기고 있다. 이곳을 얼마 전 방문했던 박상태 주피지 대한민국대사관 1등 서기관은 "나라 전체가 해수면과 거의 비슷한 고도이다 보니 이들에게 해수면 상승은 기후변화 재앙"이라고 설명했다. 키리바시는 1892년 영국의 보호령이 됐다가 1979년에 독립했다. 인구는 약 10만 명 남짓인 작은 섬나라다. 키리바시는 32개의 산호섬과 1개의 외딴 섬(Banaba)으로 이뤄져 있다.

기후변화에도 이른바 '유전무죄, 무전유죄' 현상이 고착화되고 있는 것이다. 이산화탄소 배출에 책임이 있는 나라들은 '나 몰라라' 식의 방관 정책으로 일관하고 있다. 만약 그들의 나라에 기후변화로 인한 이상 상황이 펼쳐지면 재정적으로 감당할 능력이 충분하다. 반면 이산화탄소 배출에 거의 책임이 없는 남태평양 도서국들은 이상 상황을 자체적으로 감당할 능력이 없음에도 불구하고 그 직접적 피해를 고스란히 입고 있다. 투발루는 1978년 영국으로부터 독립했다. 앞서 설명한 것처럼 9개의 산호초 섬으로 구성돼 있다. 1인당 GDP는 2016년 기준 약 3,500달러 정도로 파악된다. 대부분 특별한 경제활동 없이 매년 400만 달러의 수입을 거

두고 있다. 투발루 정부가 투발루 국가 도메인인 닷 티브이(.tv)의 사용료를 받고 있기 때문이다. 투발루는 유엔이 지정한 최빈국 중의 하나다. 투발루의 주요 수입원은 외국 선박의 입어료, 도메인(.tv) 사용료, 공여국 원조 등이다.

아직은 보건에 큰 문제는 없지만, 앞으로 기후변화에 따른 여러 질병이 발생하지 않을까 하는 우려까지 존재한다. 투발루에 병원은 1개밖에 없다. 푸나푸티에 PMH(Princess Margaret Hospital) 병원이 그곳이다. 나머지 섬들에는 간호사가 보건을 책임지는 정도다.

이처럼 가난한 나라인 투발루가 기후변화란 재앙 앞에 이를 혼자서 감당하기에는 역부족이다. 전 세계의 지원과 국제적 공조만이 이들의 터전을 보전하는 유일한 길이다. 기후변화에 있어서 '유전무죄, 무전유죄'라는 틀을 벗어나기 위해서는 기후변화에 대한 국제적 공조 시스템 마련이 무엇보다 필요한 시점이다.

기후변화에
적극적으로 맞서는 통가

매일 뜨는 해를 전 세계에서 가장 먼저 볼 수 있는 곳. 남태평양 중부에 자리 잡고 있는 통가왕국(Kingdom of Tonga)을 두고 하는 말이다. 한때 통가는 남태평양 도서국들을 지배하던 큰(?) 민족이 었다. 통가인들은 덩치가 상대적으로 크다. 지도를 보면 통가는 날 짜 변경선에 거의 붙어있다. 시간상으로는 우리나라보다 4시간이 앞선다. 지구촌에서 새로운 날에 떠오르는 태양을 가장 먼저 볼 수 있는 나라다.

통가왕국도 이런 점을 굳이 강조하고 싶은 것인지 자신들이 만 든 '이칼레(IKALE)'라는 맥주에 '세상에서 가장 먼저 맛보는 맥주 (First Beer in the World)'라는 문구를 써 놓았다.

2017년 8월 7일, 피지의 수도 수바에서 통가를 간다고 하니 피지 에서 택시를 운전하는 이가 "통가는 바람이 많이 부는 곳"이라며 넌지시 말을 건넸다. 수바에서 약 2시간 50분 비행 끝에 8월 7일 오후 3시 30분쯤 통가의 푸아아모투(Fuaamotu) 국제공항에 도착했

하늘에서 내려다 본 통가왕국

다. 비행기에서 내리자마자 강한 바람이 머리카락을 사정없이 훑고 지나갔다. 바람이 많은 나라임을 느낄 수 있었다. 피지에서 만난 택시 운전사의 말이 틀리지 않았다.

통가왕국은 한때 남태평양을 주름잡았다. 피지는 물론 사모아까지 지배했었다. 피지 사람들은 이 같은 역사적 배경 때문인지 유독 '통가인들은 덩치가 매우 크고 거인'이라고 생각한다. 그러나 실제로 통가인들을 보면 덩치가 조금 크기는 한데 생각보다 그렇게 크지는 않다. 이 같은 통가왕국이 최근 기후변화로 홍역을 치르고 있다. 통가는 2014년 엘니뇨로 심각한 가뭄이 엄습해 혹독한 대가를 치렀다. 또 해수면이 상승하면서 작은 섬의 수몰 등으로 고통받고 있다. 더불어 강력한 사이클론도 찾아온다. 지구 온난화에 따라 수몰, 가뭄, 강력한 사이클론 등 자연재해가 증가하고 있다. 그리고 그 피해 규모도 이전과 비교할 수 없을 정도로 심각해지고 있다.

해발고도가 2.2m에 불과한 투발루만큼 절체절명의 위기는 아니지만, 통가 역시 해발고도가 수십 미터에 불과해 언제든 해수면 상승에 따른 수몰 위기가 찾아올 수 있는 나라 중의 하나다. 통가에서 발행되는 신문을 보면 이미 '사라진 섬'이 있다는 보도까지 나오는 마당이다. 기후변화는 수몰 위기에만 머물지 않는다. 2014년도에는 통가왕국에 강력한 사이클론인 '이안(Ian)'이 나라를 휩쓸고 지나갔다. 그 영향력은 폭발적이었고 강력했다. 이안은 사이클론 최고 등급인 '카테고리 5등급'을 기록했다.

당시 하아파이(Haapai) 섬에서 입은 피해를 보여주는 사진은 통가왕국 기후변화의 현재를 상징하고 있다. 지붕이 날아가고 아름드리나무들이 길거리 곳곳에 뽑힌 채 서 있는 처참한 모습이었다. 여기에 해수면 상승도 통가를 위협하고 있다. 실제로 해수면 상승으로 인해 '모누아페(Monuafe)'라는 작은 섬이 사라졌다. 통가 온라인 매체인 〈마탕기(Matangi)〉는 2014년 10월 특별한 한 장의 비교

사진을 보도한 바 있다.

그 사진은 25년 전에 여러 해양 생물이 건강하게 살고 있었던 모누아페의 사진과 지금은 그 모습을 전혀 찾아볼 수 없는 모누아페의 사진이었다. 감쪽같이 사라진 것이다. 모누아페는 통가왕국의 수도 누쿠알로파 해변을 따라 서 있는 작은 섬의 하나였다. 크기는 0.3㎢에 불과했다. 남태평양 바다에서 점점이 흩어져 있었던 섬들이 이제 바닷속으로 잠기고 있는 상황이다. 해수면 상승에 따른 급격한 침식 등으로 이제 모누아페는 기억 저편으로 사라져 버렸다.

통가에서 김 박사 등이 강수량 측정 장치 등을 손보고 있다

푸아아모투 공항에서 통가의 수도 누쿠알로파(Nukualofa)까지는 승용차로 약 30분 정도 거리였다. 누쿠알로파는 통가의 가장 큰 섬인 통가타푸(Tongatapu)에 위치하고 있다. 택시를 타고 가는 거리의 풍경은 온통 평평한 땅밖에 보이지 않았다. 산이라고 할 수 있는 곳이 없었다. 통가타푸 지역에서 가장 높은 곳이라 해도 지상에서부터 60m 정도의 높이에 불과하다. 이렇다 보니 36개의 유인 섬으로 이뤄져 있는 통가의 경우 해수면 상승에 따른 수몰 상황에 직면할 수밖에 없다. 이미 해발고도가 낮은 몇 개의 작은 섬의 경우 통가인들은 삶의 터전을 포기했다. 그곳을 버리고 이주하는 사례가 점점 늘어나고 있다.

통가는 해수면 상승에 따른 위협과 함께 2014년의 엘니뇨를 분명히 기억하고 있었다. 엘니뇨는 페루 부근 태평양 해수 온도가 특이하게 높아지는 현상을 말한다. 이 때문에 남미에는 홍수를, 호주와 통가왕국 등에는 가뭄을 불러온다. 통가 정부 관계자들을 만나면 기후변화와 관련해 가장 먼저 이야기하는 것은 하나같이 '2014년 엘니뇨'였다. 그만큼 피해가 심각했었다는 것을 상징하고 있다. 이때 혹독한 가뭄이 통가왕국을 덮치면서 전체 농산물이 큰 피해를 보았다. 당시 엘니뇨는 통가왕국을 집어삼킬 만큼 위협적이었고 파괴적이었다. 통가에는 여전히 그 '트라우마'가 강하게 작용하고 있었다. 2014년 당시 통가의 주요작물 중 하나였던 스쿼시(단호박의 일종)의 경우 생산량이 70%나 줄어든 것으로 분석됐다. 2014년도에 통가 국민은 가뭄에 상대적으로 강했던 '카사바'라는 또 다른 뿌리식물만 먹으면서 겨우겨우 견뎌야만 했다.

통가는 2014년 엘니뇨의 충격적인 경험으로 그 이후로 지난 3년 동안 농업 적응 정책을 추진하고 있다. 극심한 가뭄이 오더라도 하나의 작물에만 의존하지 않고 다양한 작물을 재배할 수 있는 환경을 만들자는 게 목적이다. 작물 다양성에 나선 것이다. 실제 통가타푸에 있는 농장을 방문했는데 그곳에는 키가 큰 코코넛과 함께 그 아래에 타로, 얌 등을 함께 재배하고 있었다. 통가 정부는 엘니뇨가 앞으로 다시 찾아올 수 있다고 예측하고 있다. '2014년의 비극'을 잊지 않고 나름의 대책 마련에 나선 것으로 해석되는 부분이다.

통가왕국을 다른 말로 표현한다면 '섬 왕국'이라고 부를 수 있다. 통가의 섬 중에서 사람이 사는 섬은 약 36개에 달한다. 무인도까지 합치면 약 150개가 넘는 것으로 알려져 있다. 이 섬들이 해수면 상승으로 물에 잠기고 있다. 이미 작은 유인 섬의 경우 전체적으로 봤을 때 약 10% 정도의 육지가 잠긴 것으로 파악되고 있다. 앞으로 20년 동안 해수면이 더 높아질 것으로 예상되면서 그 결과

약 30~40%가량의 육지가 사라질 것으로 전망되고 있다.

통가 국토부의 타아니엘라 쿨라(Taaniela Kula) 국장은 "통가의 가장 큰 섬인 통가타푸의 해변 길을 따라가다 보면 작은 섬들을 많이 볼 수 있다."며 "현재 통가의 작은 섬들은 해수면 상승으로 잠기고 있다."고 설명했다. 1970년대까지는 문제가 없었는데 1980년대 이후 해수면 상승은 매우 심각한 상황에 이르고 있다고 쿨라 국장은 강조했다.

현재 통가에는 우리나라 APCC(APEC 기후센터)가 지원에 나서고 있다. 지원 분야는 크게 세 개 분야에 집중돼 있다. 통가의 농업 정보 시스템화, 토양수분 등 기후 정보 제공, 지하수 측정 등이 그 것이다. 이전까지 통가 정부는 농업 정보에 대한 데이터베이스(DB)가 없었다. 이에 APCC에서 통가 농업 정보 시스템(TAIS, Tonga Agricultural Information Service)을 구축했다. TAIS는 정부 관계자들만이 접근할 수 있는 인트라넷으로 농산물 수출입 정보, 가격정보 등을 실시간으로 볼 수 있는 시스템이다. 이 시스템을 구축하고 있는 김광형 APCC 박사는 "TAIS를 통해 통가 정부는 농업 정보에 대한 다양한 데이터를 분석하고 종합할 수 있다."며 "이를 통해 통가 정부가 현재의 농업 상황을 분석하고 미래를 대비할 수 있는 인프라를 구축할 수 있을 것"이라고 말했다.

당시 취재 기간 동안 APCC 박사팀들이 통가왕국에서 후속 작업을 이어가고 있었다. 통가에 머물며 프로젝트를 추진하고 있는 신용희 APCC 박사는 통가의 토양 분석과 수분 함량을 측정하는 시스템을 구축하고 있었다. 신 박사는 "토양의 수분측정 센서를 통해 현재 어느 정도의 수분이 있는지 원격으로 측정할 수 있다." 며 "앞으로 몇 년 동안의 데이터가 쌓이면 가뭄 등의 환경변화에 따라 미리 대비할 수 있고 농산물을 안정적으로 재배할 수 있는 길을 찾을 수 있을 것"이라고 자신했다.

김광형, 신용희 박사와 함께 통가타푸에 있는 바이니(Vaini) 지역의 실험 농장을 찾았다. 그곳에는 강수량을 측정할 수 있고 땅에 센서를 설치해 수분 함량을 알 수 있는 장비가 설치돼 있었다. 센서가 문제를 일으켜 수리에 나선 길이었다. 김 박사는 "통가는 현재 중국과 일본이 적극 지원에 나서고 있다."며 "중국은 통가의 정부청사를 짓고 있고 일본은 통가의 국내 항구를 건설 중"이라고 전했다. 통가 지역에서 중국 사람들을 많이 만날 수 있었는데 이미 통가의 상권은 중국인들이 장악했다는 게 대체적인 평가였다.

통가인들에게 따라붙는 별칭이 하나 있었다. '코리안 타임'과 비슷한 '통가 타임'이다. 이들은 약속 시간에 제때 나타나는 법이 별로 없다고 한다. 대부분 20~30분 늦는 것은 보통이고 아예 미팅이

통가는 코코넛, 얌 등 작물 다변화 프로젝트를 시작하고 있다

이뤄지지 않는 날도 많다는 것이다. 몇 년 동안 통가를 찾아 프로젝트를 진행하는 김 박사는 통가인들은 대부분 느긋한 성격이라고 전했다.

기후변화 회오리가 찾아오고 있음에도 불구하고 여전히 통가의 자연은 아름다웠다. 통가타푸에서 유명한 곳 중의 하나로 '블로우 홀(Blow Holes)'이라는 것이 있다. 블로우 홀은 고래가 물을 힘차게 뿜어내듯이 파도가 거세게 몰아치면서 바위에 부딪혀 커다란 물기둥이 발생하는 지역을 일컫는다. 통가타푸를 찾는 이들은 대부분 이곳을 방문한다. 수 킬로미터에 걸쳐 해안가를 따라 뻗어 있는 곳에서 한꺼번에 파도가 부서져 물기둥이 솟아오르는 장면은 장관이었다. 바람이 강하게 불면서 파도가 높게 일었다. 바람의 강도에 따라 그 높이도 달라졌다.

블로우 홀은 강한 바람과 거센 파도가 결합해 만든 자연의 경이로움이었다. 파도는 거침없이 바위를 때렸고 바닷가 암석이 부서질 정도로 파도가 부딪히면 거대한 물기둥이 솟구쳤다. 블로우 홀은 해변을 따라 곳곳에서 만들어졌다. 큰 소리를 내며 솟아오르는 물기둥은 자연이 만들어 낸 아름다움을 느끼기에 충분했다. 통가타푸의 블로우 홀은 자연이 주는 최고의 선물이지 않을까 생각됐다.

통가 해안가의 블로우 홀

2017년 8월 통가의 기온은 약 22도 정도에 머물렀다. 통가왕국은 지금 겨울이다. 아침, 저녁으로 쌀쌀했다. 아름다운 섬으로 구성된 통가가 기후변화의 위협을 이겨낼 수 있을까. 아마도 그 시작은 전 세계의 관심일 것이다. 국제적 협력과 공조가 중요한 시점이다.

8월 8일 오후에 찾은 통가타푸의 타노아(TANOA) 호텔에서는 GEF(Global Environment Facility)가 마련한 '리지투리프(Ridge to Reef, R2R)' 콘퍼런스가 한창 열리고 있었다. 'R2R'은 해양 생태계를 감싸고 있는 산호초를 보호하자는 목적으로 개최되는 콘퍼런스다. 이들의 외침이 전 세계로 울려 퍼져 기후변화의 심각성을 공유하고 함께 해결책을 모색하는 자리가 되기를 바라는 것은 비단 한 개인의 바람만은 아닐 것이다.

통가는 남태평양 중부에 위치하고 있다. 공식 명칭은 통가왕국이다. 수도는 누쿠알로파다. 수백 개의 섬으로 이뤄져 있는데 이 중 36개 섬에만 주민이 산다. 통가왕국의 큰 섬은 통가타푸다. 다음으로 큰 섬으로는 바바우(Vavau), 하아파이(Haapai), 에우아(Eua), 니우아스(Niua's) 등이 있다.

통가왕국의 일요일은 특별하다. 신용희 APCC 박사는 "일요일에 길거리에 가봤더니 상점도 모두 문을 닫고 보이는 사람이 거의 없더라."라며 통가에서의 특별한 경험을 전했다. 거리에 사람들이 보이지 않는 이유가 있다. 국왕을 비롯해 통가인 대부분이 교회를 찾기 때문이다. 통가왕국의 국민은 대부분 기독교인이다. 인구는 약 10만 3,000명으로, 이 중 70%가 가장 큰 섬인 통가타푸에 살고 있다.

매년 7월이면 한 달 동안 '농업 축제'가 열린다. 통가왕국의 가장 큰 축제다. 국왕이 일일이 섬을 방문하면서 그해 가장 잘 된 농산물을 전시해 놓고 축제를 여는 전통을 가지고 있다. 곳곳에서 닭과 돼지를 키우는 모습도 보였다. 통가왕국의 주식은 얌과 타로, 코코넛 등이다. 통가타푸는 서쪽은 화산섬, 동쪽은 산호초 섬으로 돼 있는 것이 특징이다.

강력해지는
남태평양 사이클론

　태풍, 허리케인, 사이클론. 이것은 모두 열대성 저기압을 일컫는 단어다. 열대성 저기압은 강한 바람과 집중 호우를 불러온다. 짧은 시간 동안 일어나는 기상 현상임에도 불구하고 그 피해가 만만치 않다. 우리나라를 비롯해 동아시아에서는 태풍, 아메리카와 카리브해에서는 허리케인, 인도양과 뱅골만에서는 사이클론이라 부른다. 열대성 저기압은 해수면 온도 26.5도 이상으로 위도 5~10도 사이의 대기가 불안정한 지역에서 발생한다. 남태평양의 사이클론이 시간이 갈수록 강력해지고 있다. 이는 해수면 상승, 바다 온도가 높아지는 것과 무관하지 않다.

　2018년 2월 13일, 남태평양 통가에 사이클론이 강타해 의사당이 붕괴하고 정전사태가 발생했다. 당시 언론기사를 보면 '60년 만에 최악… 일부 지역에서는 미확인 인명피해' 등의 보도로 소개됐다.[24] 기사를 보면 강력한 사이클론 '기타(Gita)'가 강타한 뒤 남태평양 섬나라 통가의 수도 누쿠알로파의 주택가가 홍수에 잠긴 모습을 전했다. 이번 사이클론으로 국회의사당 건물이 무너지고 수도 누쿠알로파의 가옥 75% 정도가 파손된 것으로 전해진다. 뉴질랜드 언론은 이 사이클론이 최대 풍속 시속 230㎞, 최대 돌풍 풍속 278㎞에 이르는 4급 열대성 사이클론이었다고 분석했다.

2016년 2월 21일에는 피지가 사이클론으로 초토화됐다. 이날 언론은 열대성 저기압인 사이클론 '윈스턴'이 최대 풍속 330㎞에 달하는 강풍, 많은 비와 함께 피지를 강타했다고 보도했다.[25] 윈스턴은 사이클론 최고 강도인 '카테고리 5'로 분류됐다. 연합뉴스는 "기록이 시작된 이래 남반구를 강타한 사이클론으로는 가장 강력한 것"이라고 전했다.

사이클론 '윈스턴'은 남부의 피지 수도 수바는 비껴갔지만 본섬인 비티레부의 북부 해안을 따라 서쪽으로 향하면서 많은 지역의 전기와 수도, 도로를 끊어놓고 주택을 파괴하는 등 상당한 피해를 남겼다. 오발라우섬에서는 집이 무너지면서 2명이 숨지는 등 피지 전

---

24) 연합뉴스, "남태평양 통가 사이클론 강타. 의사당 붕괴·정전사태", 〈연합뉴스〉, 2018. 2. 13., 〈http://www.yonhapnews.co.kr/bulletin/2018/02/13/0200000000AKR20180213026600009.HTML?from=search〉 (접속일: 2018. 6. 14.).
25) 연합뉴스, '태평양 피지에 남반구 사상 최강 사이클론. 6명 사망', 2016년 2월 21일 자 기사.

역에서 최소 6명이 숨졌고, 코로섬의 한 마을에서는 주택 50채가 완전히 파괴됐다. 피지 정부는 당시 30일 동안 국가재난사태를 선포하고 통행금지령을 내렸다.

태풍, 허리케인, 사이클론이 강력해지는 이유는 무엇일까. 열대성 저기압은 앞서도 설명했듯이 저위도 지방의 따뜻한 공기가 고위도로 올라가면서 발생한다. 즉, 해수면의 온도 상승과 연관이 있다. 미국, 호주, 중국, 인도, 일본의 기상학자들이 공동으로 저술한 논문은 대서양에서 발생하는 허리케인을 주로 분석했다. 결론은 바람의 세기로 측정하는 허리케인의 강도는 금세기 말까지 2~11% 정도 증가할 것으로 내다봤다. 발생빈도는 6~34% 감소한다고 예측했다. 다시 말해 약한 허리케인은 드물게 발생하고 강력한 허리케인의 발생 가능성은 높아진다는 것이다. 케리 임마뉴엘(Kerry Emanuel) MIT 기상학 교수는 "허리케인의 풍속이 11% 증가하면 파괴력은 60% 증가한다."고 진단했다.

이처럼 열대 폭풍의 발생에 가장 큰 영향을 주는 요인으로는 바닷물 표층의 온도, 해수면 상승, 해류 순환 등이 꼽힌다. 이들은 서로 복합적 상호작용을 통해 기후에 영향을 주는 것으로 알려졌다.[26]

---

26) 기후변화행동연구소, 「사이클론과 허리케인, 갈수록 강해진다」, 2010.

2100년 한반도에 영향을 끼치는 태풍은 지금보다 2배 늘어날 것이란 분석도 나왔다. 기후변화에 따른 태풍의 이동 경로를 예상하고 그 영향이 어느 정도 될 것인지를 파악하는 것은 매우 중요하다. 이를 통해 대비책을 마련할 수 있기 때문이다. 기상과 기후를 면밀히 연구해야 하는 이유다. 생명을 보호하는 기본 시스템이자 대비책이다.

APCC는 기후변화에 민감한 농업과 수산업, 관광과 같은 산업에 의존하고 있는 14개 태평양 도서국을 대상으로 매년 11월부터 다음 해 4월까지 총 6개월 동안 태평양 도서국 대상 사이클론(Tropical Cyclone) 장기 예측 전망자료를 생산하는 시스템을 개발했다. 태평양 도서국 14개국은 파푸아뉴기니·솔로몬군도·피지·바누아투·팔라우·미크로네시아연방·나우루공화국·마셜군도·키리바시·투발루·사모아·통가·니우에·쿡아일랜드 등이다. 이들 나라는 지구 온난화로 해수면 상승, 태풍과 지진, 해일 증가 등 기후변화의 영향을 크게 받고 있다. 인도양, 아라비아해, 벵골만에서 발생하는 열대성 저기압인 사이클론은 역사적으로 태평양 도서국 내 거주민들의 삶과 경제, 물 공급, 안전 등에 큰 영향을 끼친다.

APEC 기후센터가 개발한 다중모델 앙상블(MME) 장기 예측 시스템을 활용하면 매년 11월부터 다음 해 4월까지 총 6개월 동안의

태평양 도서국 대상 사이클론의 장기예측 전망자료를 파악할 수 있다. APEC 기후센터에서 받은 태평양 도서국 대상의 사이클론 장기예측 전망자료를 바탕으로 태평양 도서국들은 사이클론이 발생해 실제로 피해가 일어나기 전에 사이클론의 활동을 예측하고 대비할 수 있다.

남태평양 도서국 관료들이
전하는 기후변화

남태평양 도서국의 정부 관료들은 기후변화를 어떻게 받아들이고 있을까. 결론부터 말하자면 '심각하다' '절체절명의 위기다'라는 데 의견을 같이했다. 이들 도서국에서는 지금 '기후 난민'이란 키워드가 쟁점으로 부상하고 있다. 김성인 주피지 대한민국대사관 대사를 2017년 8월 2일 대사관저에서 만났다. 그는 2013년 10월에 취임했다. 그동안 그는 피지, 키리바시, 투발루 등 남태평양 도서국을 일일이 찾아다녔다. 남태평양 도서국은 14개 나라가 중심이다. 식민지 상태의 독립이 안 된 나라까지 합치면 22개에 이른다. 22개 국가는 PIF(Pacific Islands Forum)를 만들었다. 섬나라 개도국들의 모임이다. 본부는 피지에 두고 각국이 돌아가면서 회의를 진행한다.

PIF 회의에 참석하면서 김 대사가 본 남태평양 기후변화는 생각보다 심각했다. 현장을 통해 직접 보고 느낀 만큼 김 대사의 아픔도 컸다.

"키리바시와 투발루는 기후변화 문제가 생존을 위협할 정도로 처절하다. 그동안 가뭄으로 식수난에 시달리고 해수면이 상승하면서 다른 곳으로 이주하는 사태가 이어지고 있다. 특히 이들 나라는 산호초 섬으로 이뤄져 있어 해수면 상승으로 나라 전체가 수몰 위기에 처해 있다."

우주에서 본 푸른 지구. 지구가 기후변화로 몸살을 앓고 있다(사진 제공: NASA)

산호초 섬의 위기는 두 가지로 정리된다. 첫 번째는 수몰 위기다. 높은 산이 없기 때문에 차오르는 바닷물을 막지 못하면 떠나는 수밖에 없다. 투발루는 9개 섬으로 이뤄져 있는데, 실제 한 개 섬은 해수면 상승으로 이미 사라졌다. 두 번째는 식수 위기다. 바닷물이 밑에서부터 침투하기 때문에 식수 문제 또한 심각하다. 산호초 섬으로 이뤄져 있는 키리바시, 투발루, 마셜군도 등이 특히 절체절명의 위기를 맞고 있다.

김 대사는 "방어벽을 쌓아 막는 것 외에는 뚜렷한 대책이 없다."며 여기에는 천문학적 자본이 들어간다고 분석했다. 기후변화 대응에도 '부익부 빈익빈'이 작용한다는 것이다. 사모아의 경우가 좋은 예다. 사모아도 침몰위기에 있는데 미국령인 사모아는 자본을 투입해 방조제를 쌓아 막았다. 반면 서사모아는 계속 침식이 진행되고 있다.

녹색기후기금(GCF)에서 3,600만 달러를 투입해 투발루에 방조제를 쌓고 있지만 이를 해결하기에는 역부족이라고 김 대사는 진단했다. 김 대사는 "이제 기후 난민을 생각할 때"라며 "실제 키리바시와 투발루 국민은 이미 이주를 시작하고 있다."고 설명했다.

김 대사는 "이들 작은 도서국 국민이 이주하면 받아줄 수 있는 곳은 호주와 뉴질랜드, 피지밖에 없다."며 이들 나라가 기후 난민에게 무상으로 땅을 제공하기는 쉽지 않을 것이라고 내다봤다. 결국 기후 난민 발생에 따른 불협화음이 생길 수밖에 없다는 것이다.

김 대사는 "공짜로 땅을 달라고 하면 그냥 주겠는가?"라며 "실제 키리바시는 피지에 땅을 구매했고 키리바시 국민 2,000명이 이주해 농업을 하고 있다."고 말했다. 이런 시점에서 이제 전 세계는 '기후 난민'에 대한 대책을 마련해야 할 시점이라고 강조했다.

김 대사는 또한 "UN에서 기후 난민에 대한 지위를 어떻게 할 것인가를 정립해야 한다."며 "기후 난민은 전쟁과 정치적 이유로 인해 발생하는 난민과는 차원이 다르다."고 지적했다. 김 대사는 그 해결책 중 하나로 녹색기후기금의 강화를 꼽았다.

그는 "녹색기후기금이 지금은 기후변화를 막아내고 이산화탄소 배출량을 줄이는 등 예방적 차원에 주목하고 있다."며 "이를 확대해 기후 난민에 대한 지원책 등을 내놓아야 할 상황에 이르렀다."고 강조했다.

현재 우리나라는 키리바시와 투발루에 기후변화와 관련된 공적 개발원조(ODA) 사업을 확대하고 있다. 키리바시에서는 해저 심층수를 끌어올려 담수로 만드는 예비타당성 조사를 하고 있다. 키리바시의 해수 온도 차를 이용한 발전시스템도 만들고 있다. 즉시 정화할 수 있는 설비를 키리바시와 투발루에 공급하는 관련 예산도 확보했다. 그러나 한 나라가 도움을 줄 수 있는 데는 한계가 있는 만큼 UN 차원에서 입체적 지원 대책을 서둘러야 한다고 김 대사는 덧붙였다.

'잠기는 나라' 투발루. 2017년 8월 4일, 투발루 정부청사에서 마티아 토아파(Maatia Toafa) 국무총리 대행 겸 재무장관을 만났다. 토아파 장관은 기후변화에 대한 인터뷰를 시작하자마자 손짓을 하면서 강한 톤으로 말했다.

"우리 혼자만으로는 기후변화를 극복할 수 없다. 해수면 상승의 원인은 지구 온난화에 있다. 지구 온난화는 왜 벌어진 것인가. 바로 온실가스, 이산화탄소 배출 때문이다. 이것은 미국과 유럽 등 산업화에 앞선 나라들이 그동안 석탄과 석유 등을 에너지원으로 마구마구 사용하면서 불거진 문제다. 우리 투발루는 이산화탄소 배출에 거의 책임이 없다. 그런데 왜 우리가 그 피해를 고스란히 받아야 하는가. 이건 불공평하다."

그의 말소리가 청사 집무실을 울릴 정도였다. 현재 투발루 총리가 병환으로 뉴질랜드에서 치료를 받고 있어 마티아 토아파가 잠시 총리 대행을 맡고 있다.

토아파 장관은 "기후변화에 따른 투발루 문제는 우리 혼자만의 노력으로는 해결 불가능하다."며 "국제사회가 함께 풀어야 할 문제"

라고 재차 강조했다.

토아파 장관은 "투발루는 해발고도가 낮은 산호초 섬이기 때문에 해수면이 상승하면 섬이 물에 잠기는 것은 당연하다."며 "이를 매우 심각한 상황으로 받아들이고 있다."고 운을 뗐다. 기후변화는 여기에 머물지 않는다. 그는 "강력한 사이클론이 많아지고, 바람이 강해지고, 더운 날씨와 가뭄이 이어지면서 식수문제가 심각하다."고 진단했다.

토아파 장관은 "이 같은 여러 문제가 겹치면서 식량 안보에 비상등이 켜졌다."고 밝혔다. 이런 현상을 그는 지구 온난화로 인한 기후변화에 그 원인이 있다고 분석했다. 그는 "해수면 상승은 지구 온난화로 인한 기후변화 때문으로 생각한다."며 "이는 글로벌 이슈이고 당연히 국제적 노력이 필요하다."고 지적했다. 투발로 혼자서할 수 있는 게 아니라 국제 공동체를 통해 해수면 상승과 기후변화에 대응해야 한다는 주장이다.

토아파 장관은 "해수면이 계속 상승해 국토가 바닷물에 잠기면 우리는 이곳을 떠날 수밖에 없다."며 "호주와 뉴질랜드가 우리를 받아 줄 능력이 되는 나라들"이라고 설명했다.

식수 문제가 심각해지면서 국제적 지원이 이어지고 있다. 우리나라도 투발루에 '담수화 장치'를 하나 건설했다. 토아파 장관은 "한국은 2011년 극심한 가뭄이 계속됐을 때 6만 병의 물을 공급해 주었다."며 "최근에는 푸나푸티에 담수화 장치를 건설했다."고 말했다. 그는 한국과 지속적으로 좋은 관계를 유지해 기후변화에 따른 문제에 대응하겠다고 강조했다. 반면, 도널드 트럼프 미국 대통령에 대해서는 강하게 비판했다.

"도널드 트럼프 미국 대통령은 파리기후협약 탈퇴를 선언했다. 매우 실망스럽고 참담하다. 파리기후협약은 21세기가 끝날 때까지 지구 온도를 1.5도 이상 상승하지 않도록 이산화탄소 배출 저감 등에 대한 국제 사회의 합의다. 이를 한순간에 물거품으로 만든 트럼프는 더 이상 기후변화에 대한 리더십을 이야기할 수 없을 것이다. 미국은 이제 전 세계 국가의 리더라는 타이틀을 버려야 한다. 바보 같은 짓을 한 것이다."

투발루는 이산화탄소 배출 책임에 대한 부분에서 전체 책임의 0.001%에 불과한 책임만을 지니고 있다. 토아파 장관은 "이산화탄소를 줄이기 위해서는 대체 에너지를 개발하는 것이 무엇보다 중요하다."며 "투발루는 현재 15% 정도의 에너지를 태양광으로 바꿨다."고 밝혔다. 그는 "이런 상황에서 남태평양으로 흘러들어 오는 쓰레기도 골칫거리 중 하나"라며 "정기적으로 대청소를 하고 있는데 밀려드는 쓰레기를 해결하기 위한 국제적 노력도 있어야 할 것"

이라고 주문했다.

마지막으로 그는 "우리 정부는 기후변화의 문제를 우리의 생존과 직결된 문제로 보고 있다."며 "관련 국제회의에서 기후변화의 위험성을 경고하고 여러 나라의 지원을 끌어내기 위해 적극적으로 나설 것"이라고 덧붙였다.

통가왕국의 빌리아미 마누(Viliami T. Manu) 농림부 차관은 8월 8일경에 정부청사에서 만났다. 마누 차관은 "이미 통가왕국의 작은 섬의 경우, 10%는 물에 잠겼다. 앞으로는 20년 안에 30~40%의 육지가 해수면 상승으로 물에 잠길 것으로 예상한다."고 심각성을 전했다. 그에게 특히 잊을 수 없는 것은 '2014년 엘니뇨'다.

"2014년은 통가왕국 전체에 큰 영향을 미쳤다. 기후변화와 관련해 통가인 누구를 만나더라도 그해의 엘니뇨를 이야기할 것이다. 한 마디로 절체절명의 시간이었다. 당시 가뭄이 오랫동안 지속되면서 단호박의 일종인 스쿼시 생산이 70%가량 줄었다. 먹을 게 없는 상황에 직면했다. 당시 통가왕국은 가뭄에 강한 카사바(Cassava)만 먹으면서 견뎠다. 힘겨웠던 그 기억을 어떻게 잊을 수 있겠는가."

또한 그는 통가왕국의 기후변화는 여기에만 머물지 않는다고 강조했다. 그는 "2014년 1월에는 이안(Ian)이라는 카테고리 5등급의 강력한 사이클론이 통가왕국을 휩쓸었다."며 "가뭄과 사이클론, 해수면 상승 등 기후변화의 입체적 악영향으로 통가왕국이 지금 큰 피해를 보고 있다."고 진단했다.

이 때문에 현재 통가왕국 농림부는 재배 작물 다양성에 주목하고 있다. 가뭄이 오더라도 대체할 수 있는 작물을 함께 재배하자는 것이다. 마누 차관은 "탄력성이 강한 농업 시스템으로 바꾸기 위한 작업을 현재 진행하고 있다."며 "한 곳에서 코코넛만 재배하는 게 아니라 코코넛과 함께 타로, 얌 등을 키울 수 있는 농법을 개발하고 있다."고 설명했다. 실제 통가타푸섬 곳곳의 농장에서 키가 큰 코코넛 아래에 타로 등을 같이 심어 키우는 모습을 볼 수 있었다.

식수난에 대해서는 그나마 아직 여유가 있다고 밝혔다. 마누 차관은 "빗물을 저장해 정수하고 지하수를 끌어 올려 식수로 사용하고 있다."며 "심각한 가뭄이 오더라도 6개월 정도는 버틸 수 있는 식수가 있는 것으로 파악됐다."고 말했다. 이 작업에는 우리나라의 APCC가 참여하고 있다. 지하수의 양을 측정할 수 있는 시스템 구축을 서두르고 있다.

2014년 당시 가뭄이 심각했을 때 하아파이 섬에 물이 떨어져 다른 섬에서 식수를 보내기도 했다고 회상했다. 마누 차관은 지구 온난화에 따른 해수면 상승에 대해 "해발고도가 낮은 통가왕국의 여러 섬이 잠길 가능성도 없지 않다."며 "통가왕국은 이들에 대한 이주 정책도 고민하고 있다."고 전했다. 작은 섬에 사는 이들이 이주할 수밖에 없는 이유 중 하나가 염수가 지면에 침투하면서 농사를 더 이상 지을 수 없기 때문이라고 지적했다.

그는 "이런 상황임에도 미국의 트럼프 대통령은 파리기후협약의 탈퇴를 선언했다."며 "전 세계적으로 지구 온난화가 이산화탄소 증가 때문으로 보고 있고 그렇다면 그것은 미국의 책임이 가장 크다."고 목소리를 높였다. 그럼에도 미국이 책임 있는 자세를 보이지 않는 것은 매우 실망스럽다고 질타했다.

마누 차관은 "이런 문제뿐 아니라 바닷물 온도가 높아지면서 산호초의 백화현상이 심각해지고 있다."며 "바다 생태계를 유지하는 산호초가 사라지면 더 큰 재앙이 올 수도 있다."고 경고했다.

그는 "통가왕국은 앞으로 우리가 겪고 있는 기후변화의 영향을 있는 그대로 전 세계에 알리면서 국제적 공조를 끌어내는 것만이 살길이라고 생각한다."며 "기후변화에 대한 위기의식이 커지는 만큼 국제 사회의 관심도 커지기를 바란다."고 희망을 잃지 않았다.

이젠
모두
나서야 한다

이제 기후변화는 더 이상 외면할 수 없는 인류의 재앙이 되고 있다. 북극과 남극, 남태평양 도서국에는 거침없는 기후변화의 회오리가 불어 닥치고 있다. 비록 눈에 보이지는 않지만, 남극 수중에서 큰 규모의 빙하가 녹고 있는 것으로 나타났다. 영국의 언론 매체인 〈가디언〉지는 2018년 4월 2일 자 기사를 통해 "남극 수중에서 빙하가 녹는 규모는 우리가 생각했던 것보다 훨씬 넓고 빠르게 진행되고 있는 것으로 확인됐다."고 보도했다. 남극 주변의 빙하는 2010~2016년 사이의 기간 동안 약 1,463㎢가 줄어든 것으로 분석됐다. 이는 영국의 런던 대도시권에 맞먹는 크기다.

이 같은 규모의 빙하가 녹는 원인으로 기후변화와 지구 온난화가 지목됐다. 남극의 빙하가 녹으면서 해수면 상승에도 큰 영향을 끼칠 것으로 보인다. 따뜻한 물이 남극의 얼음을 아래에서부터 녹이고 있다는 것이다.

이번 연구는 영국의 리즈대학 극지관찰모델링센터 앤드류 세퍼드(Andrew Shepherd) 교수 등이 수행했다. 셰퍼드 교수는 "기후변화가 우리가 생각했던 것보다 더 많이 남극에 영향을 미치고 있음을 알 수 있다."며 "남극의 얼음이 녹으면서 앞으로 지구촌 해수면이 높아질 것으로 예상한다."고 진단했다. 최근까지 북극과 달리 남극은 기후변화에 안정적이란 의견이 지배적이었다. 그러나 이번 연구 결과는 이 같은 분석을 뒤집는 것이어서 주목된다. 지구 온도가 조금씩 상승하면서 남극의 빙하가 많이 녹고 있음이 확인된 것이다.

남극은 서남극과 동남극으로 나뉘어 있는데 서로 구조가 조금 다르다. 동남극의 경우 빙하가 대륙 위에 펼쳐져 있다. 대륙 위에 빙하가 놓여 있기 때문에 얼음이 녹는 원인은 태양의 복사열로 인한 것이 대부분이다. 그 때문에 상대적으로 서남극보다 비교적 안정된 모습이다. 반면 서남극 빙하는 사뭇 다르다. 서남극의 빙하는 뒤집어 보면 커다란 섬 위에 놓여 있는 모습이다. 따라서 섬과 섬 사이의 낮은 골에는 해수가 침투한다. 위에서는 복사열이, 아래에서는 지구 온난화로 따뜻해진 해수가 '구들장' 역할을 하면서 빙하를 동시에 녹이는 셈이다.

기후변화 전문가들은 현재 해수면 상승을 이끄는 원인으로 그린란드 빙하와 북극 해빙(海氷)이 녹고 있는 것을 꼽는다. 반면 남극은 해수면 상승에 큰 영향을 끼치지 않는다고 내다봤다. 이번 연구 결과를 토대로 한다면 이는 수정돼야 하고, 결국 해수면 상승이 더 빠른 속도로 진행될 것이라는 경고로 받아들여야 한다.

이번 논문의 주요 저자인 하네스 콘래드(Hannes Konrad) 리즈대학 교수는 "남극의 빙상을 가로질러 물밑에서 빙하가 녹고 있다는 명확한 증거를 찾아낸 것"이라며 "이런 현상은 앞으로 내륙 빙하에도 큰 영향을 미칠 것"이라고 진단했다. 그리고 이에 따라 해수면 상승은 더 빨리 진행될 것이라고 전망했다.

북극과 남극뿐 아니라 기후변화와 지구 온난화는 비단 특정 지역에만 해당하는 것은 아니다. 우리나라도 예외는 아니다. 앞서 잠깐 언급했듯이 우리나라의 온난화도 시간이 갈수록 그 심각성이 더해 가고 있다. 갈수록 폭염 일수가 증가할 것이란 분석도 나왔다.

IPCC AR5(The Intergovernmental Panel on Climate Change, Fifth Assessment Report)의 WGII(영향과 적응) 보고서(2013~2014년)에서는 "기후변화로 인한 위험을 관리하고 회복력을 강화하는 것이 필요하다."며 "이는 미래세대와 경제, 환경을 고려해 기후변화의 완화와 적응을 동시에 포함하는 것"이라고 지적하고 있다. 기후변화로 벌어질 우리나라의 위험성은 어떤 것이 있을까. IPCC WGII 5차

보고서의 주요 결론을 보면 우리나라 기후변화의 현주소를 알 수 있다.

보고서는 우선 보건 분야에서 기후변화로 인한 환자가 증가할 것으로 예상했다. 대기오염을 보정하고 분석한 결과 최저기온이 1도 높아지면 수목류 꽃가루 환자가 14% 정도 높아지는 것으로 진단됐다. 또 2001~2009년까지 발생한 삼일열 말라리아와 기후요인을 분석한 결과, 말라리아 환자는 기온이 1도 상승했을 때 3주 뒤에는 17.7% 증가했다. 폭염으로 인한 사망 부담은 2001~2010년까지 인구 10만 명당 0.7명에서 2036~2040년까지 1.5명까지 증가할 것으로 내다봤다.

기후변화가 우리나라 농업에 미치는 영향도 적지 않다. 주요 과수의 경우 재배할 수 있는 적당한 지역이 기온 상승으로 북상하고 있다. 온대 과수인 사과는 온난화에 따라 재배 적지가 북상하고 있고 아열대 기후대가 늘어나면서 재배 면적지가 줄어들고 있는 실정이다. IPCC WGII 5차 보고서는 이 같은 상황을 설명하면서 "모든 작물은 지구 온난화에 따라 재배 가능지와 적지가 북상하거나 고도가 높은 지역으로 이동할 것"이라고 전망했다.

현재 우리나라의 산업구조로 봤을 때 국내에서 기후변화에 대응하는 시스템은 미흡하다는 진단도 나오고 있다. 우리나라는 높은 제조업 비중과 에너지를 많이 쓰는 산업구조, 대외 에너지 의존도 등 기후변화에 대응하기 위한 산업여건이 녹록지 않다는 게 그 원인이다. 2013년 우리나라의 제조업 비중을 보면 약 31.1%에 이른다. 이는 중국(29.9%), 일본(18.8%), EU(15.2%), 미국(12.1%)과 비교했을 때 비교적 높은 비율이다. 우리나라의 제조업의 비중은 1990년 27.6%에서 2000년 29.0%, 2013년에는 31.1%까지 상승했다.[27] 온실가스 배출량이 많을 수밖에 없는 산업구조라는 것이다. 노재성 지속가능경영원 사업전략실장은 "우리나라 온실가스 배출 증감은 국내총생산(GDP) 증감과 일치한다."며 "이 때문에 경제적으로 효과적 감축 수단 발굴에 어려움이 있다."고 진단했다. 온실가스를 줄여야 하는데 우리나라의 2013년 온실가스 배출량은 1990년과 비교했을 때 137.6%, 2012년보다는 1.5% 증가했다. 노 실장은 "저탄소 사회 실현을 위한 행동과 인식 공유가 필요한 시점"이라며 "정부, 기업, 학계, 시민 모두의 긴밀한 협력이 필요하다."고 강조했다.

기후변화는 이제 어느 한 나라, 특정 지역에 국한되는 문제가 아니다. 2015년부터 2017년까지 북극과 남극, 남태평양을 취재하면서 기후변화는 이제 찬반의 입장이 아니라 '분석과 대처 방향성을

---

27) 노재성, 「신기후체제가 국내 산업계에 미치는 영향」, 2016.

제시하는 곳'으로 이동해야 한다는 생각이 강하게 들었다. 앞서 살펴보았듯이 인간은 매우 '편리한 사고'를 지니고 있다. 현재의 이익을 위해 미래를 살펴보지 않고, 현재의 자원을 활용해 얼마나 많은 경제적 성과물을 만들어 낼 것인가에만 주목하고 있다. 이 때문에 발생하는 부작용과 심각성은 애써 분석하려 하지 않는다.

북극과 남극을 연이어 취재하면서 미묘한 차이점에 나는 주목했다. 북극은 자연 운동의 큰 흐름에서 본다면 기포드 핀초의 '실용적 자연주의(보존주의)'에 노출된 지역으로 볼 수 있다. 버락 오바마 전 미국 대통령이 강조했듯이 "자연을 최대한 보호하면서 북극을 개발하자"는 이야기가 이와 맥락을 같이한다. 북극은 유럽과 러시아, 미국, 캐나다 등이 자신의 영역을 정해 놓고 있는 지역이다. 이곳에서는 지금도 자원개발이 한창이다. 물론 예전처럼 무분별한 개발 정책은 지양되고 있다. 최대한 자연을 보호하면서 인류에게 필요한 것을 얻자는데 무게 중심이 놓여 있긴 하다. 즉, '현명한 사용(Wise use)'를 강조하고 있다. 그러나 한편에서는 이런 흐름까지도 근절돼야 한다는 목소리가 높다. 개발 자체를 금지하자는 것이다.

남극은 북극과 사뭇 다르다. 굳이 북극과 비교해 보자면 남극은 '목가적 자연주의(보전주의)' 철학이 강하게 흐르고 있는 지역이다.

있는 그대로의 자연을 보전해 후세대들에게 물려주자는 철학이 흐르고 있다. 남극은 이 때문에 그 어느 나라의 것도 아니다. 경계가 없다. 인류 공동의 재산으로 남아 있다. 존 뮤어의 철학처럼 '있는 그대로의 자연을 보전해야 한다'는 목소리가 작용하고 있고 그런 인식이 국제적으로 공유되고 있는 곳이다.

전문가들은 지역적으로 온난화의 정도가 매우 빠르게 나타나는 곳이 북극과 서남극이라고 분석하고 있다.[28] 북극의 해빙 감소, 그린란드와 서남극의 육상 빙하가 줄어들면서 중위도의 기후와 기상 변화에 큰 영향을 끼치고 있다는 것이다. 더 이상 기후변화로 안전한 곳은 지구상에 없는 셈이다. 심지어 몇 년 지나지 않아 북극에 '얼음이 없는' 시간이 찾아올 것이란 암울한 전망까지 나오고 있다.

이와 함께 최근 국제연합이든, 환경단체든 자연보호와 관련된 주요 키워드 중 하나로 'Sustainable'을 꼽는다. 이를 보통 '지속가능한'이라고 번역한다. 과연 이 해석이 맞는 것일까. 지금과 같은 물질만능주의와 지나친 소비는 '지속가능한' 것을 불가능하게 만든다. 이는 한꺼번에 큰 악어와 새끼 악어를 무분별하게 사냥해 생태

---

28) 김성중 외, 「극지기후변화가 전지구 기후/기상변화에 미치는 영향」, 한국기후변화학회, 2016.

228 사라지는 섬
Missing Island

계를 무너뜨린 원시 부족의 사례와 비슷하다. 이 때문에 몇몇 전문가는 'Sustainable'을 '지탱 가능한'으로 해석하자고 한다.

팀 잭슨(Tim Jaction) 영국 서리대학 교수는 'Sustainable'이 가능하기 위해서는 세 가지가 필요하다고 강조했다. 첫 번째는 인구 통제, 두 번째는 생활양식 변화(덜 쓰고, 덜 먹고, 덜 소비하는 것), 세번째는 과학과 기술적 돌파구 마련 등이 그것이다. 과학과 기술이 기후변화의 속도를 늦추는 데는 어느 정도 효과가 있을 것이라고 생각된다. 그리고 이와 함께 '대량 생산, 대량 소비'라는 시스템에서 벗어나는 지혜도 필요하다. 과학과 기술이 '무조건적으로' 문제를 해결해 줄 것이란 맹신주의는 지양돼야 한다. 현대 사회를 한마디로 정의하라면 나는 '풍요 속의 빈곤'으로 표현하고 싶다. 지나치게 '대량 생산'에 얽매여 있는 사회다. 지구가 앞으로 후세대들에게도 '지탱 가능할 수 있기' 위해서는 지금 세대의 노력과 배려가 필요하다. 기후변화라는 키워드는 우리에게 이 같은 점을 일깨워 주고 있다.